Early Childhood Playgrounds
Planning an Outside Learning Environment

幼儿园户外游戏环境创设

［澳］普吕·沃尔什（Prue Walsh）／著
侯莉敏 等／译

中国轻工业出版社

图书在版编目（CIP）数据

幼儿园户外游戏环境创设／（澳）普吕·沃尔什（Prue Walsh）著；侯莉敏等译．—北京：中国轻工业出版社，2022.9
ISBN 978-7-5184-3945-4

Ⅰ.①幼… Ⅱ.①普… ②侯… Ⅲ.①幼儿园－环境设计 Ⅳ.①G617

中国版本图书馆CIP数据核字（2022）第055909号

版权声明

© 2016 Prue Walsh
Authorized translation from the English language edition published by Routledge, a member of the Taylor & Francis Group, LLC.
All Rights Reserved.
Copies of this book sold without a Taylor & Francis sticker on the cover are unauthorized and illegal.

> 保留所有权利。非经中国轻工业出版社"万千教育"书面授权，任何人不得以任何方式（包括但不限于电子、机械、手工或其他尚未被发明或应用的技术手段）复印、拍照、扫描、录音、朗读、存储、发表本书中任何部分或本书全部内容，以及其他附带的所有资料（包括但不限于光盘、音频、视频等）。中国轻工业出版社"万千教育"未授权任何机构提供源自本书内容的电子文件阅览、收听或下载服务。如有此类非法行为，查实必究。

总策划：石　铁
策划编辑：牟　聪　　责任终审：张乃柬　　责任校对：万　众
责任编辑：牟　聪　　责任监印：刘志颖

出版发行：中国轻工业出版社（北京东长安街6号，邮编：100740）
印　　刷：三河市双升印务有限公司
经　　销：各地新华书店
版　　次：2022年9月第1版第1次印刷
开　　本：710×1000　1/16　印张：12
字　　数：90千字
书　　号：ISBN 978-7-5184-3945-4　　定价：48.00元
读者热线：010-65181109，65262933
发行电话：010-85119832　传真：010-85113293
网　　址：http://www.chlip.com.cn　http://www.wqedu.com
电子信箱：1012305542@qq.com
如发现图书残缺请拨打读者热线联系调换
220174Y1X101ZYW

不闻不若闻之，闻之不若见之，见之不若知之，知之不若行之。——中国古语

译者序

教育从来不是围绕着一个建筑或一个场所而开展的社会活动，幼儿园的学习环境创设也不止于"环境"本身，更在于环境中人与自然及人与人之间互动关系的生成。在环境与幼儿认知发展方面，两位世界著名心理学家都有论述。皮亚杰（Jean Piaget, 1896—1980）指出，儿童与环境之间、身体和心理之间的互动（身体和社会互动），是认知发展中最重要的与学业相关的因素，儿童正是通过寻求环境刺激来促进智力的发展。维果茨基（Lev Vygotsky, 1896—1934）指出，儿童所经历的各个阶段的次序，其所延续时间的长短，基本上由儿童从周围的环境中汲取的东西决定，即儿童在环境中逐步形成自己的发展大纲。因而，儿童是环境中的主体，他们通过自己的活动，一再建构自己智力的基本概念和思维形式。幼儿园的学习环境创设，正是通过为他们创设一个适宜的、指向未来发展的环境来引导他们成长。

随着时代的变迁，学习环境更是作为一种新的教学隐喻被重新定义。美国国家研究院的报告——《人是如何学习的》（*How people learn*, Bransford et al., 2000）确立了设计以学习为中心的环境的原则性方法，强调理解性学习及社会和文化境脉对学习的重要性。这个报告中提出这样的假设，即所谓的"学习"包括：学什么、怎么学，以及在哪里学（学习环境）。当好的环境与优化的课程充分联结的时候，丰富的学习体验便得到有效展开，即当教育要想得以较好地展开的时候，教育内容应当是有所考量和选择的，当然也要有儿童学习环境的设计。好的教育设计和好的环境设计相遇的地方，就是学习体验产生的地方。因而，"学习与设计"成为两个非常关键的主题，幼儿园需要通过建筑和场地设计来提升幼儿的学习质量，以适应其生存需求。与此同时，学习是儿童进行发明与发现的过程，儿童是活动场所设计的真正专家，他们无时无刻不以行动向我们展示他们对活动场所的设计需求。为此，在为儿童创设具有发展适宜性的环境时，我们还要体察儿童的需要，和儿童共同讨论，在对话中形成适合他们发展需要的学习环境。

然而，在很长的一段时间里，当谈到幼儿园学习环境时，我们主要从物质环境层面来理解环境，认为只要建设好房子和场地，投放好相应的设施和游戏材料就够了，但其实这种环境只是实现物理功能而已，并不能产生"教学隐喻"。那么，如何让儿童作为有效的学习者参与到环境中，与环境产生互动，并将已有知识与当前学习任务产生联系，促进有意义学习的发生，则成了当前幼儿园学习环境创设转向的不可回避的重要问题。

"他山之石，可以攻玉。"本书的作者普吕·沃尔什（Prue Walsh）是一名早期教育专业的毕业生，她的工作专注于创造有效和有刺激性的早期游戏环境。在本书中，她以儿童的身体、情感、认知和社交等角度，从场地设置、规划户外学习环境、设置不同的户外游戏区等方面，描绘了一个可供儿童享受、探索和扩展知识的户外游戏环境。这是一本指向实践的书，旨在满足教师对幼儿园学习环境的建立、管理和升级等方面的需求，为规划、设计和创造儿童的户外游戏环境提供了循序渐进的指导。此外，书中的很多关于环境创设的理念十分值得回味与学习。比如，关于"幼儿园的学习环境为谁而存在？"的问题，作者认为："幼儿园的场地不是为建筑师或景观师、设备制造商，也不是为幼儿园的管理者和教师而存在，它首先是儿童的领域。所有的场地规划和设计应该基于对儿童学习方式的研究和观察，然后基于教师和其他相关学科人员的专业合作，这样才能确保户外游戏空间的设计成为孩子们在生活中获得发展的最好开始。"因而，物理环境构成了有效教学实践的基础，所有的设计必须基于对儿童发展需求的洞察，为儿童创设一个有归属感、依恋感和亲切感的空间环境，让儿童在润物细无声中成长。

此外，本书传递了一个非常重要的理念，即教育的命运共同体包括多方的协作。教育不仅仅是教师和家长的工作，还应当将所有已经从事或即将从事幼儿教育的从业人员囊括其中。以儿童的户外游戏环境建设为例，应该将幼儿园管理者和教师、教育部门相关行政人员和设计专业人员（建筑师、景观设计师、城市规划师、风险管理师）纳入其中，鼓励多方协作支持，共同促进儿童发展和教育事业的进步。因此，为所有与之相关的从业人员提供支持，并帮助他们理解儿童户外游戏环境的设计，促进所有学科人员加强合作，从而帮助儿童成长，也是作者撰写本书的一大初衷。在翻译此书的过程中，我们相信书中关于环境创设的重要指南和方法策略，一定能给中国的读者带来更深入的思考。

本书的翻译工作由侯莉敏统筹，罗兰兰、张辅杰负责第1—7章的初译与修改，鲍钰清负责第8—10章的初译与修改，全书校对由侯莉敏、罗兰兰完成。"万千教育"编辑部的牟聪老师为本书的出版和编校付出了大量的辛苦，在此表示衷心感谢。在翻译过程中，我们为了照顾读者的阅读习惯，在一些地方做了意译的处理，在一些地方提供了译者注。书中如有疏漏或不当之处，敬请广大读者批评指正。

侯莉敏
2022年5月于桂林

前　　言

《幼儿园户外游戏环境创设》（*Early Childhood Playgrounds*）于1988年首次出版，目前它仍在使用中。这本书旨在满足教师对幼儿园学习环境建立、管理和升级等方面的需求。

《幼儿园户外游戏环境创设》的新版是为了回应澳大利亚本土以及全世界教师频繁要求更新版本而出版的。新版的内容考虑到了教师们关于物理环境建设的反馈，即涉及通过游戏促进学习，以及阻碍和约束儿童的因素和问题。

同时，本书保留了从实践者的角度来写作的方式，基于研究和实践的结果，为从多学科角度来规划和设计户外游戏环境提供了有效的方法。

当然，自首次出版以来的25年里，幼儿游戏场地的现实背景发生了巨大的变化。例如：在澳大利亚，社区经营的中心和幼儿园大幅转向了私人和商业中心提供的日托所；早期教育中心的儿童数量以及他们在双职工父母工作时得到照顾的时间也大幅增加；人们对"游戏对儿童早年的身体、心理和情感发展以及学习至关重要"的认识也不断加强。

这种不断变化的背景使早期教育中心对精心创设户外游戏空间的需求更加强烈。然而，据我了解，在这个早期教育快速发展的时期，户外游戏的物理环境质量已经下降。在一般情况下，户外游戏空间已经成为幼儿园里被忽视的物理区域。令人不安的是，如果没有对儿童需要和满足这些需要的设施类型有足够深入的了解，但早期教育服务机构仍在建立，那么这会使儿童的发展受阻。这在某种程度上反映了人们对"户外游戏空间对日常教学的重要性"缺乏理解和认识。

我希望本书能有助于我们应对这一趋势，尤其是通过展示一些早期教育机构提供的精心设计和成功的户外游戏环境的图片来帮助读者增加理解和认识。

虽然自1988年以来，周围的环境已经发生了很大的变化，但准备一个更新版本的内容，重要的是如何持续关注并有效回应"表达儿童的基本需求"的主题。因而，我依然保留了之前的一些非常经典的观点。无论这些观点是2年、20年，还是50年前写的，在回应儿童发展的基本问题上，它们都永不过时。

本书的首要原则是，在实践中幼儿游戏场地的设计必须基于儿童的角度。幼儿园的场地不是为建筑师或景观师、设备制造商，也不是为幼儿园的管理者和教师而存在，它首先是儿童的领域。所有的场地规划和设计应该基于对儿童学习方式的研究和观察，然后基于教师和其他相关学科人员的专业合作，这样才能确保户外游戏空间的设计成为孩子们在生活中获得发展的最好开始。

普吕·沃尔什

2015年

致　　谢

　　如果没有来自澳大利亚和海外人士的反馈、支持、对话和热情，那么本书的升级和改写是不可能发生的。他们都对儿童发展工作做出了巨大的贡献，并在一个快速变化的社会中为儿童的生活提供更好和更丰富的支持性环境。

　　感谢与早期教育相关的教师和家长，我有幸在建立和升级早期教育机构期间与他们一起工作。我还要感谢参与早期教育机构发展过程的同人，因为他们为我提供了重要的反馈。如果没有早期教育专业人员的专业认同，那么本书是不可能完成的，他们在过去的28年里与我分享了他们的经历和担忧。我特别要感谢早期教育专业人员贝夫·施奈德（Bev Schneider）和简·坎（Jan Kan）的长期支持（特别是在面对具有挑战性的实践和决策时）。

　　我还要感谢那些支持我的工作并对英国、美国、加拿大、土耳其、丹麦、瑞典、芬兰、阿拉伯联合酋长国、泰国、中国香港地区、新加坡、印度尼西亚和新西兰的不同文化下的方法和实践提供宝贵见解的人。最重要的是，我要感谢来自澳大利亚每个州的人的支持，包括来自偏远原住民社区的人的支持。

　　如果没有办公室同事克丽·奥斯汀（Kerry Austin）和前同事莉比·尼达姆（Libby Needham）的支持，那么本书的改写就不可能发生。这些年来，我得到了瓦莱丽·埃尔德肖（Valerie Eldershaw）的重要支持，她帮助我整理信息并协助我编辑作品。在最近的时段里，我想感谢安德鲁·罗斯（Andrew Ross）的工作，他把我的文本整理成现在写得很好的书，为一个疲惫的作家节省了时间。我还要感谢鲍勃·詹姆斯（Bob James）对本书中的种植部分的宝贵支持，以及斯图尔特·米切尔（Stuart Mitchell）对设计和施工问题的帮助。

感谢朱莉娅·伍德盖特（Julia Woodgate）、雅基（Jacqui）和约翰·扬格（John Younger）提供了安静的写作场所，感谢薇姬·杰克逊（Vicky Jackson）对有特殊需要的孩子的洞察，以及尼基·巴肯（Niki Buchan）对自然戏剧的支持。

本书中出现的所有图纸/草图只是传达理念，并不是按比例绘制的。这些理念的落地，应始终参照您当地的户外环境建设标准，并在必要时寻求施工建议，以进行核查。

准　　许

非常感谢您允许使用以下艺术作品：

我想感谢我的丈夫约翰·沃尔什（John Walsh）建筑师为本书所画的精彩画作。如果没有他对我所做工作的支持，没有他的幽默和耐心——坚持设计物理环境，以支持和拓展孩子们在成长时期的游戏和学习——那么我就不可能写出这本书。

最后，特别感谢我的合作者，他们非常慷慨地允许我在书中使用他们的游戏场地和儿童游戏时的照片，这些合作者来自：奥尔德利幼儿园、首都山早期教育中心、澳大利亚国会大厦、教堂山社区幼儿园、C＆K塔拉金迪战争纪念幼儿园、伊斯坦布尔恩卡学校、凯茜家庭日托中心、梅特德伊学校、图古拉瓦幼儿园，以及特里西亚王摄影。我还要感谢这些儿童照料中心和学校的工作人员的不懈努力，他们争取到家长的慷慨许可，允许我在书中呈现孩子们的照片。

目 录

第1章 场地设置 ·· 1
  1.1 户外学习环境：受到威胁？ ······················ 2
  1.2 为什么户外游戏很重要 ···························· 6
  1.3 为儿童设计户外游戏空间 ························· 7
  1.4 教师的角色 ·· 11
  1.5 如何使用这本书 ······································ 13

第2章 规划户外学习环境 ································ 15
  2.1 为什么规划很重要 ··································· 16
  2.2 场地评估 ··· 17
  2.3 建立一个总体规划小组 ···························· 27
  2.4 规划小组的任务 ····································· 28

第3章 总体规划和设计考虑 ···························· 33
  3.1 安全和风险管理 ····································· 34
  3.2 可持续性 ··· 36
  3.3 入口区域 ··· 39
  3.4 地面 ·· 41
  3.5 排水系统 ··· 47
  3.6 种植 ·· 48
  3.7 围栏 ·· 51
  3.8 服务功能 ··· 54
  3.9 维护 ·· 55

第4章　自然游戏区 ··· 59
4.1　为什么儿童需要自然游戏区 ·························· 60
4.2　戏水 ··· 63
4.3　儿童的花园 ·· 69
4.4　挖掘区 ··· 70
4.5　动物、鸟类和昆虫 ······································· 74

第5章　安静游戏区 ··· 79
5.1　为什么儿童需要安静游戏区 ·························· 80
5.2　枢纽区域 ·· 81
5.3　安静集合区 ·· 86
5.4　沙坑 ··· 89
5.5　秘密地点 ·· 93

第6章　开阔游戏区 ··· 97
6.1　为什么儿童需要开阔游戏区 ·························· 98
6.2　开阔游戏区的要素 ······································· 98
6.3　空地 ··· 99
6.4　土丘 ··· 101
6.5　路堤 ··· 103
6.6　入口和通道 ·· 107
6.7　带轮玩具通道 ·· 111

第7章　运动游戏区 ··· 113
7.1　对运动游戏的需要 ······································· 114
7.2　固定设施的选择 ··· 116

7.3　受欢迎的固定设施示例……………………………………119

第8章　**开放性材料**………………………………………………**127**
　　　8.1　开放性材料为什么对游戏重要……………………………128
　　　8.2　开放性材料的选择…………………………………………130
　　　8.3　废旧材料与可回收材料……………………………………132
　　　8.4　可移动设施…………………………………………………135
　　　8.5　储物棚………………………………………………………136

第9章　**婴儿和学步儿的游戏场地**………………………………**143**
　　　9.1　为什么户外游戏对婴儿和学步儿很重要…………………144
　　　9.2　婴儿和学步儿游戏场地的规划……………………………146
　　　9.3　设计的特征…………………………………………………154

第10章　**有特殊需要儿童的游戏场地**……………………………**159**
　　　10.1　为什么户外游戏对有特殊需要儿童很重要………………160
　　　10.2　为有特殊需要儿童规划游戏场地…………………………163
　　　10.3　设计注意事项………………………………………………165

参考文献………………………………………………………………**171**

第1章

场地设置

本章提要：

1.1　户外学习环境：受到威胁？　▶　2

1.2　为什么户外游戏很重要　▶　6

1.3　为儿童设计户外游戏空间　▶　7

1.4　教师的角色　▶　11

1.5　如何使用这本书　▶　13

1.1 户外学习环境：受到威胁？

在21世纪的发达国家中，户外活动减少是儿童所面临的境遇之一。因为这样的变化，人们对儿童成长的结果感到深深的担忧（参见 Moss，2012）。随着越来越多的儿童生活在城市地区，一部分儿童对于户外活动的感官体验仅限于与操场这类设施的互动。本书关注了缺乏户外游戏和户外活动供给所引发的担忧，并着力于研究幼儿园、托儿所和其他幼儿教育机构的户外学习环境。确保所有机构都能提供高质量的户外游戏体验，对于提供公平的儿童早期游戏环境至关重要。对这些空间的思考和设计与对公园中的游戏场地的不同，因为公园通常需要满足更大年龄范围的受众的需求。

这个观点并不新奇，西比尔·克里切夫斯基（Sybil Kritchevsky）和伊丽莎白·普雷斯科特（Elizabeth Prescott）在1977年写道：

> 游戏场地的质量越高，教师就越有可能对儿童的态度敏感和友好，并鼓励孩子们自主活动，同时引导孩子们考虑自己与他人的权利和感受。当游戏场地质量低下时，儿童就更不会参与并对活动感兴趣，而且教师的态度会变得更加中立且不敏感，届时教师会使用更多的指导和限制来教授一些在生活中专制的规则。

即便这些空间很重要，但仍有明显的迹象证明这些空间无法满足儿童的需求。它们是"被遗忘的空间"，当人们设计儿童中心时，他们对这些空间的了解是不足的。

这里有许多原因值得关注。首先，如上所述，孩子们的安全已经成了发达国家的主要考虑因素，这些焦虑已经渗入了游戏场地的设计中。结果就是过度采取安全措施，以至于限制儿童的游戏并阻碍他们的发展。

与其消灭游戏中的风险——这与设计一个无风险的人生一样不可能实现——不如在儿童的发展需求中寻求平衡。英国的游戏专家戴维·鲍尔、蒂姆·吉尔和伯纳德·斯皮格尔说（David Ball，Tim Gill，& Bernard Spiegal，2012）：

> 在游戏的规定中，风险管理需要以战略的方式来平衡游戏中的风险和收益。由于给予游戏机会为发展中的儿童和年轻人带来益处，风险评估和决策的出发点（最重要的考虑）是理解相应方案所提供的益处。

没有什么阶段比幼儿时期更需要这种方法，因为此时儿童正处于奠定生活技能基础以及将这些基础扩展、调整和延伸至所有发展领域的敏感期。澳大利亚以及其他国家的数据表明，刚学会走路的幼儿最容易受伤，因为他们刚掌握直立姿势，并且正在发展对空间的理解，用超出掌控的探索力和好奇心积极探索世界，但并不知道如何发展友谊，此时他们容易出现受伤的情况。

冒险是成长中不可或缺的部分。在整个童年期，儿童通过游戏来掌握全身的协调能力，学习如何与同伴交往，同时在挑战中学习新的技能，并获得成就感。

然而，在澳大利亚和其他发达国家，游戏场地设计越来越多地受到商业和利益所驱动，他们利用了对安全和风险的潜在焦虑，同时忽视儿童在游戏中的需求，从而导致反效果的发生。

澳大利亚的国家伤害监测系统建立于1988年。幼儿游戏场地的相关调查数据显示受伤人数少，所以没有进行更多有深度的调查研究。不幸的是，所有游戏场地的相关数据并没有被视为可使用的信息源，而被用作对幼儿游戏场地施加不必要限制的正当理由。

遗憾的是，此现象是因为害怕被诉讼，而不是合理地审视儿童的游戏需求。其结果是游戏场地被严格限制，并否认丰富的、具有一定冒险性的户外游戏对儿童发展的好处。如汤姆·詹博尔（Tom Jambor）所说："事实上，我们在国家政策上保证儿童游戏场地的安全做得很好。但在这个过程中，我们被迫放弃游戏的价值，特别是对有挑战性的需求。"（Jambor，1996）

过分强调安全而不是谨慎的风险管理并不是对儿童户外游戏空间的唯一威胁。土地价格、建筑成本的不断上涨，以及非标准地点上不理想的教育机构，意味着户外活动往往被当作一个很糟糕的事后考虑来对待。这表明了人们对儿童的需求，以及他们在户外空间中茁壮成长的实际需求了解甚少。结果就是，狭小且设计糟糕的空间（见图1.1）无法为儿童提供适合发展的成长环境，以至于他们通常会选择玩笔，而不是到户外游戏！

对安全的担忧和对空间的限制日益增加，阻碍了在户外游戏空间中提供具有多样性的游戏机会，这样的后果就是，儿童的注意力不集中和越来越不合群。

然而，这还不是故事的全部。自1988年《幼儿园户外游戏环境创设》出版以来，人们了解到游戏对儿童成长的价值，以及户外空间对儿童成长的重要性。理查德·洛夫（Richard Louv，2005）颇有说服力地表达了"自然缺失症"的概念——对儿童缺乏接触大自然的担忧。对儿童过度使用电子产品和久坐而缺乏户外运动的担忧，目前已经成为现代父母们深深忧虑的问题。

已有研究表明，以儿童为中心的户外学习环境可以抵制上文所批判的不良情况，本书中的图片强调了可能发生的情况，图片中的游戏空间以儿童的需求为中心，并对他们所在地点中的机会和限制做出积

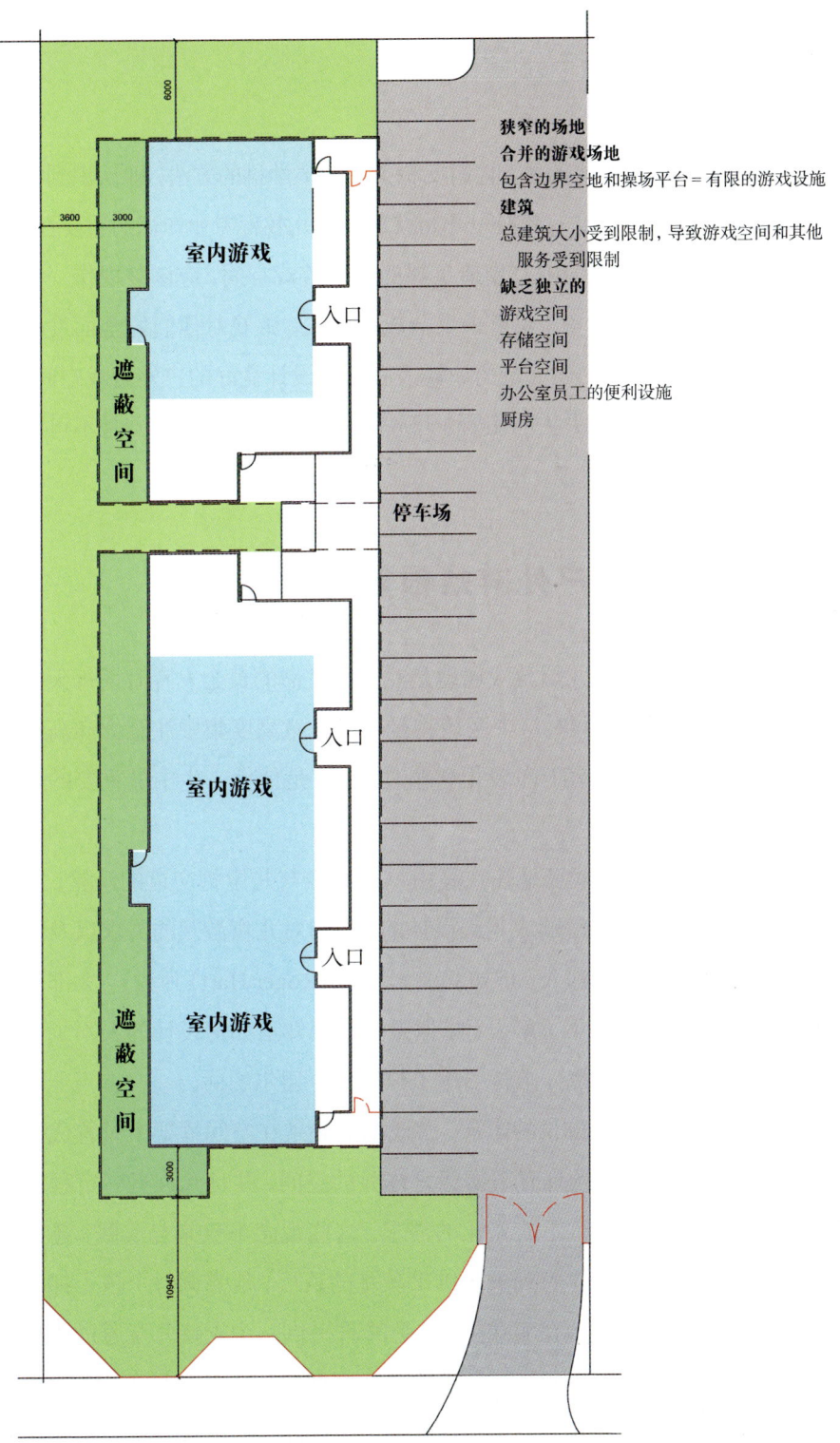

图1.1 不能做什么——选址规划不良：狭窄、户外空间不足的场地

极的反应。至关重要的是，它们反映了一种多学科的方法，即认识到将儿童的需求放在首位，并从一开始就重视幼儿教育专业知识的重要性。

以儿童的需求为中心创造足够的户外游戏空间，应该被视作一种将会收获回报的投资。儿童未来会成为大人，游戏对他们的全面发展非常重要。因此，创设大量的鼓舞人心的和设计良好的户外游戏空间，以弥补过去时代中失去的田野、开放的小路和大型的后花园是不可缺少的。

1.2　为什么户外游戏很重要

一个有效的幼儿园游戏场地是儿童在生命的黄金发育时期每天都使用的一个区域，同时这个区域将是一个儿童高度集中注意力和高度密集的游戏场所。对于许多儿童来说，这将是他们一生中最重要的户外体验场所。

然而，户外游戏场地往往是由一些缺少与儿童打交道的经验，或者缺乏对儿童的理解的成年人设计的，他们对儿童游戏的需求以及所需环境的认识并不深入。正如罗杰·哈特（Roger Hart）所说："大部分关心儿童成长的人不了解设计，但是大部分知道如何设计的人不了解儿童的成长。"（罗杰·哈特引用了拉佩尔·谢尔的话。）

为了满足儿童成长的需求，游戏场地必须在空间框架中设置成一个灵活、适应性强且具有丰富感官体验的空间，并且允许有一定程度的改变，以适应儿童不断变化的需求。这些观念不仅来自实践，还得到了苏联发展心理学家列夫·维果茨基的认可，他强调每个孩子都有一个"最近发展区"。在实践中，这意味着提供一个支持儿童通过游戏来发展的空间，在这个具有自然性和适宜性的环境的主导下，游戏将是儿童在不同的游戏空间中适应环境、拥有持续的游戏刺激和激发兴趣的过程。

为了有效地创设游戏空间，设计必须基于对儿童游戏和发展需求的理解。如果设计师真的以这个作为出发点，那么这个空间将会看起来和大多数成年人所认为的户外游戏空间（比如大部分的公共游戏场地）不同。

本书的每一章都总结了不同的游戏场地应满足的特定游戏和发展需求。幼儿教育者和设计师应该不断提醒自己为什么户外游戏对于孩子们来说是基本的发展需求，因为除去儿童必须去玩的纯粹的权利之外，这是他们想和需要去做的。

游戏有助于帮助儿童发展以下能力：

- 认知发展（包含语言能力、问题解决和独立思考能力、自我效能、获取观点能力、表达能力、记忆力和创造力）；
- 生理健康和发育（包含生理、心理、精细和大肌肉运动技能的发展，以及增加的身体活动的发展）；
- 心理健康、幸福和情绪健康（包含建立信心，改善儿童—父母依恋关系，应对压力，应对焦虑和恐惧，促进治疗过程中的康复以及缓解一些孩子的多动症症状）；
- 社交能力发展（包含与他人合作、分享、协商和欣赏他人的观点）；
- 通过体验如何应对出乎意料的、具有挑战性的情形来实现风险管理和应对能力（The Play Return，Tim Gill，2014）。

1.3 为儿童设计户外游戏空间

有效的游戏场地设计专门指向儿童的运动能力和满足儿童的发展需要，下文列出了有效游戏场地设计的特征。它们将空间的组合与对设计特征的关注相结合，旨在维持儿童的兴趣，并提升他们在游戏中的学习力。一个安全的环境是至关重要的，但这并不需要以牺牲具有刺激性的户外游戏空间为代价。同样值得记住的是：

  不论它是如何经过深思远虑的，没有任何一个游戏场地仅仅依靠游戏设施就能建造完成。这常常被人们遗忘，而正是这种遗忘才是我们失败的原因（Richard Dattner，1969）。

以下内容在本书中会贯穿于不同游戏环境的设计中。

1.3.1 空间

提供有助于儿童独立的空间和支持不同形式的潜在游戏机会的挖掘，是创设户外游戏环境的基础。因此，本书中的许多部分都包括有效空间的供给。

1.3.2 空间的多样性

在理想情况下，儿童中心的场地将是一系列相互关联、相互兼容的空间，每个空间都有不同的游戏目的，以满足儿童对游戏的需求。本书中的大部分内容都致力于描述如何设计适合开展自然游戏、开阔游戏、安静游戏、运动游戏等不同游戏的具体空间，并且倡导每个空间都应该是建议使用，而不是规定使用的。重要的是要牢记，在整体的多样性中，物理环境应该是给儿童归属感、依恋感和亲切感的空间环境。

这种多样性应该具有复杂性，以帮助儿童掌握一系列技能。空间所满足的需求各不相同，儿童需要的空间包括：开放的跑步空间，与同伴一起快速移动到的角落，有可藏身之处的狭窄空间。这些地方也可成为休息的空间，以帮助他们从疲劳中得到恢复。

1.3.3 丰富的感官体验

儿童对环境的体验是他们探索和理解世界的必备因素。在环境中触摸、聆听、品尝和探索的过程在人类还是婴儿的时候就开始了。婴儿和幼儿的经历越丰富,他们就越能探索、发现、享受和理解他们所居住的世界的多样性。有许多巧妙的方法来提供一个有丰富的感官体验的户外游戏空间,比如:提供不同的植物,投放不规则的游戏材料,以及创设有不同的质感、形状的空间和场地。

图1.2 奥尔德利幼儿园:感官探索和发现的乐趣

1.3.4 规模

需要提供一个满足不同需求的规模足够的空间,包含:

- 入口空间有让人感觉受欢迎的游戏区域,如孩子可以通过藤覆盖的拱门到一个安静的角落;

- 有助于从游戏场地的一端到另一端的开放式跑步空间;
- 大型空间,如一个可以让孩子们聚集在一起的中心;
- 小空间,如角落和缝隙,孩子们可以坐在那里反思或者与同伴分享。

1.3.5 连接、流动和清晰度的考虑

这些不同空间的连接方式应有助于游戏的自然推进和开展。例如:
- 一个开阔的区域,有足够的空间来奔跑,有足够的小丘去攀登;
- 一个通往中心的开放区域和与浅水道相连的沙坑;
- 一个可安装可调式固定装置的活动区域(例如,一个底部有防滑栏杆的木制平台,使其可以添加木板和梯子)。

将游戏空间组织成一个清晰的样式有助于让孩子们有在家里的感觉,并让游戏自然且流畅地开展;这些连接使游戏空间可供不同年龄和能力的儿童使用,同时方便教师观察与监管。

1.3.6 自然特征

儿童更喜欢在一个自然的环境中游戏。正如彼得·赫塞尔廷(Peter Heseltine)反复观察和指出:"仍然让人吃惊的是,无论研究多少次,孩子们的选择都在反复强调自然环境的重要性,但这在实践中频繁地被忽视。"(Dimensions of Play: reflections and directions, Jambor, 1996)

幼儿教育也强调了儿童需要从小关注可持续性,儿童能够作为自然环境的一分子,并从中获得与自然相关的学习至关重要。设计师们应利用任何机会尽可能多地融入自然材料(如有趣的地形、水道、树木、低矮植物和高大植物),提供巧妙的自然刺激(特别是通过种植),

为儿童的游戏提供持续的催化剂。

1.3.7 灵活的、开放式的游戏

为了激发儿童关于探索的兴趣，需要提供一个灵活的且有多用途的空间。他们最初可能会使用一套固定的攀爬设施，但当他们掌握后便会很快对其厌倦，最终导致这种设施的存在是对时间和金钱的浪费。

与固定的攀爬结构相比，低平台具有灵活性，其底部有一个用于连接木板和梯子的夹板轨道，或有一系列的阶梯平台，足够让孩子们在上面玩耍、攀爬，或在下方有一个隐藏的空间，使孩子们可以进行开放式游戏。一个灵活的空间也有助于教师对环境进行微调，以维持孩子们的兴趣并促进他们的成长。

一些长期装置同样重要，因为它们提供了归属感和角色感。但它们需要被设计，才能成为在这个区域内具有高水平的潜在适应性用途的游戏设施。

1.4 教师的角色

在提供多种多样的游戏机会方面，幼儿教师可以发挥决定性作用。他们通过培训以观察、预测和评估儿童的游戏和需要，并在儿童有需要时提供支持和鼓励。教师对儿童游戏的指导不是依赖高控管理和结构化的户外活动计划，因为高控管理和结构化教学是针对小学生使用的教学方法。教师的作用应是让儿童通过游戏自主探索和发现，并发展他们的技能，引导他们利用自己的观察，每天根据需要在场地上不断改变自己的游戏选择。

进入自然环境，教师可以借助于开放性材料和废旧物品的差异，来创造不同的可移动材料、探索区域和由儿童根据自己的想法来操作

的材料。这是一种扩展现有的游戏选项或添加新的游戏选项的持续实践。为了鼓励儿童保持对游戏的持续兴趣，而不是过度刺激他们，教师应该在儿童能力和发展不断进阶的过程中，提供有挑战性的、增加不同复杂性的环境，以延续儿童的动机和积极参与的兴趣。

对物理环境进行微妙的改变能够创造新的体验和挑战，从而激发儿童持续探索和发现。苏联发展心理学家维果茨基表示，每个孩子都有一个"最近发展区"，即儿童在教师的支持或"支架"下能够达到的成长水平（Lev Vygotsky: revolutionary scientist，Fred Newman and Lois Holzman，2014）。

教师通常站在一旁观察儿童投入的游戏状态，在不干扰的同时会让儿童感受到教师赞同儿童做的事情。当教师意识到儿童可能正处于沮丧情绪，或者置于没必要的风险之中时，他们需要调解、小心处理

图1.3　伊斯坦布尔恩卡学校：教师通过分享经验来提供支持和安慰

并简要说明设施的使用方法。这就要求教师在每次的观察中采取一种深思熟虑且态度明确的方式去处理,达到温和、坚定的状态。随着儿童年龄的增加,这种干涉还必须有更清晰具体的理由。

因此,物理环境构成了有效教学实践的基础,而且教师必须参与到重新设计中,并重新调整和创造一个游戏空间。他们对儿童发展需求的洞察力必须在设计过程中占据中心地位。如果不能从其他儿童专家那里寻求专业知识来获得关于需求和未来使用的建议,那么教师必须表现出领导力,并要求他们参与其中。不然,他们将因在不适合有效教学实践的游戏空间中工作而沮丧。

1.5 如何使用这本书

这是一本指向实践,以及关于如何设计一个供儿童享受、探索和扩展知识的户外游戏环境来支持他们的成长和学习的书。至关重要的是,本书专注于为幼儿园和托儿所设计的户外游戏空间,其中包含为有特殊需要儿童设计的游戏空间。在整个早期教育中心的相关术语中,幼儿园和托儿所可以互换使用,以代指学龄前儿童的照护场所。

本书主要针对幼儿教育从业人员,以帮助他们理解儿童学习和发展特点,以及影响游戏环境设计的因素,从而帮助儿童成长。本书还将为机构所有者和管理员、管理委员会和设计专业人员(建筑师、景观设计师、城市规划师)提供支持,并为所有学科人员如何共同合作提供策略。希望没有相关幼儿经验的机构和地区开发商能在实践的过程中从本书中获得帮助。书中的指导方针、建议和想法可以根据不同的预算、规模、空间和气候来进行专门定制。

建议将本书与相关的地方标准和法定要求结合使用,以指导未来游戏场地的开发,改革现有空间或提供挑战让相关人员做得更好。

第 2 章

规划户外学习环境

本章提要：

2.1 为什么规划很重要 ▶ 16

2.2 场地评估 ▶ 17

2.3 建立一个总体规划小组 ▶ 27

2.4 规划小组的任务 ▶ 28

2.1　为什么规划很重要

阿维德·本特森（Arvid Bengtsson）在《本特森》（*Bengtsson*，1970，p. 23）一书中明智地写道："我们经常忘记，游戏的规划实际上是一个沟通的问题。"

为了确保一所幼儿园能够可行、可持续和有效地满足儿童的需要和教学要求，从选址到制订计划和提供设施都必须有仔细的规划。有效的规划将确保参与规划过程的所有参与者对儿童游戏有更深入的了解。引用海伦·比尔顿（Helen Bilton）的话来说："户外游戏场地建设必须被视为一个长期的、不能仓促进行的项目。"

一个规划良好的物理环境可以为幼儿园的日常管理提供帮助，这为儿童和教师提供了低调但通常非常实用的支持，比如很容易拿到散落的部件。

规划过程必须充分利用掌握幼教知识的专业人员，他们对儿童整体发展和儿童需要的游戏设施类型有深刻的了解。在没有专业知识的情况下，规划和开发的户外游戏设施往往是导致游戏场地供应缺失的原因。

整个场地规划的另一个重要的好处是避免临时开发。临时开发指的是中心经理或开发商通常为了在短期内节省资金，不考虑对游戏供应、风险管理和持续维护成本的长期影响，临时对户外游戏空间进行更改。这种无规划的发展是很多中心发生过的主要问题，而且是反复出现的、最被担忧的公共资金使用问题之一。相比之下，应始终进行以考虑儿童需求为基础的专业总体规划，并确定初步规划和费用，以确保各方在寻求资金时知情地提交报告。在实践中，这种方法将提供所寻求结果的有效性证明。总体规划的分阶段实施可能会导致获得部分资金，但是，在实践中已经证明，采取这种方法是加快整体实施进度的催化剂。

分阶段实施将提供高质量的结果，并避免资金的错误使用，从而为儿童带来长期的发展效益。在项目开始之前，把所有必要的资金汇集在一起可能是具有挑战性的。在可能无法获得全部资金的情况下，应尽可能分阶段实施，以便在获得充足的资金时实现全部计划。

为高质量的游戏空间寻求资金的过程，是体现以儿童为中心的一项重要的倡导活动。它有助于资助机构（通常是政府）了解开发场地所涉及的真实成本和价格的变化，这取决于场地的优势和限制以及前期工作。

2.2 场地评估

任何幼儿园游戏场地的开发都必须从场地评估开始。这就要求游戏场地基于满足儿童的需求进行设计，并将确保该场地有能力满足这些需求，同时具有商业生存能力。

必须评估拟议场地的相对优势和劣势，这是提供设计的基础。在购买任何资产之前，一个详细的场地评估是必不可少的，以确保拥有者的财务目标不会影响到为儿童提供的服务。对于已经存在的幼儿园，必须确定现有的建筑能否满足儿童的需要，并确保能够实现一个综合的室内/室外环境。

全面的场地评估还需要确定能否为足够的儿童提供充足的空间，以确保提供丰富多样的外部学习环境。重要的是要记住，高密度地利用空间更有可能导致较少的集中游戏和更多的反社会攻击性行为，这是因游戏选择的范围不足而导致儿童的需求和各种兴趣得不到满足。

对场地的仔细评估应考虑该区域预计实现的具体功能，如果没有这一点，那么儿童游戏和教师成长的需求就会受到限制。

图2.1 有效的场地规划：有大型的游戏场地，建筑物的入口和出口从空间和视觉上均易辨识。汽车与建筑物分离，在监督下容易通行，但与游戏设施不干涉或冲突。

2.2.1 场地

对新的或现有的幼儿园拟建场地，应进行以下评估：

- 它是否位于社区和对幼儿护理有需求的地区？
- 它是否可以满足社区的需求？
- 步行、骑行或乘坐公共交通工具到那里方便吗？
- 它的位置是否方便安全下车和停车？
- 这个位置是否提供相邻公园的观赏通道、海景或水景，或者周围街区的景观，从而有助于提高儿童对该空间的欣赏和理解？
- 相邻土地的用途是什么——工业、住宅、商业，还是其他？
- 这里有没有现居的居民需要考虑？
- 这个地点以前的定位是什么——例如，是否存在来自旧加油站或废品处理场的毒性风险？

幼儿园经常建造在繁忙的角落或街道上，以增加它的曝光度（作为幼儿园补充的一种商业手段）。这些位置将影响到一个在幼儿园中正在运行的方案的质量。禁止的限制条件涉及操场的形状和形式、噪声污染、交通尾气、交通量和危险。

2.2.2 空间、大小和形状

当估算尺寸和形状时，要首先考虑空间内计划容纳的儿童数量，以及未来的儿童潜在增长量。

澳大利亚法规要求：幼儿园必须为每个儿童提供至少7平方米的户外空间；建筑附属的阳台被视为户外空间（ACECQA[1]，2014）。然

---

[1] 英文全称为"Australian Children's Education and Care Quality Authority"，中文为"澳大利亚儿童教育和护理质量管理局"。——译者注

而，目前尚不清楚为什么选择这个数字。重要从业者的经验表明，下文中列出的空间是足够大的基本区域，可以确保具有多样性、安全性和愉悦性的户外游戏环境的创设（Walsh，2006）。

- 75人的中心——每个儿童有15平方米（最小总面积为1125平方米）；
- 40人的中心——每个儿童有20平方米（最小总面积为800平方米）；
- 25人的中心——每个儿童有25平方米（最小总面积为625平方米）。

这些数字来自对澳大利亚的800多个幼儿园游戏空间的仔细评估，以及从我在海外工作时收到的至少25份计划中收集的信息。这些数据来自幼儿园教师和幼儿园管理人员的报告，为设计儿童的户外空间提供了面积方面的参考。有趣的是，这些数字反映了20世纪70年代初澳大利亚学前教育协会（现为澳大利亚幼儿协会）公布的数据，该协会建议为每个儿童提供至少15平方米的空间。随着时间的推移，这一数字已经被育儿监管机构提出质疑，并逐渐减少对平均面积的要求。

与空间提供的有效性有关的另一个因素是对场地的仔细评估，这是来自幼儿教师的一致反馈。一个有效场地的平面图可以是一个长方形，也可以是一个大正方形，或者是一个不规则形状，这样的场地方便监管。狭窄的空间明显限制了布局的规划，尤其是当包含边界间隙时，通常会给室内和室外区域之间的通道带来问题；狭窄的边界间隙不应该包括可用的游戏空间，因为它们很难被观察到，容易使儿童陷入更大的风险，并有可能限制潜在的游戏内容。

第2章 规划户外学习环境

70名儿童的最小需求面积
总用地面积：1296平方米
建筑面积：367平方米
阳台：94平方米
活动场地：357平方米
获得许可的游戏场地：45平方米
停车场：422平方米

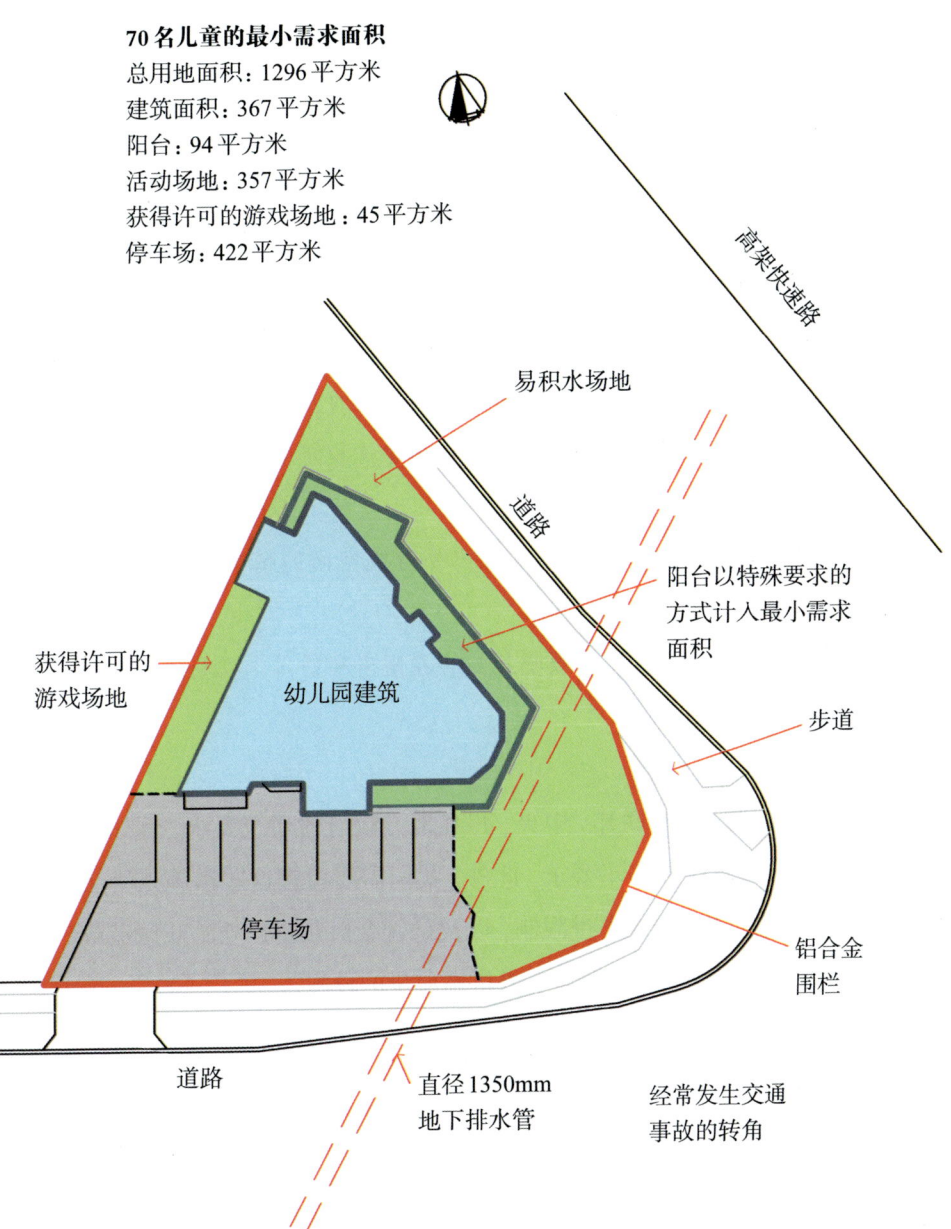

图2.2 场地选择和规划较差：场地较小，限制建筑布局，导致活动场地空间不足，游戏机会不足。位于繁忙的街角，容易产生噪声和尾气。

2.2.3 建筑和现有的游戏场地

无论是现有的还是拟建的建筑,都应根据边界和游戏场地进行评估,以确保在不阻碍户外游戏空间的情况下最大限度地利用土地。

应评估以下各项。

- 现有建筑物的状态以及其有效运行的耐用性:评估房间大小、现有存储设施和员工设施的可使用性。
- 目前容纳的儿童人数以及未来可能容纳的儿童人数。
- 在不影响户外游戏的情况下,扩建建筑和使用场地剩余部分的影响。
- 在不扰乱现有和(或)未来户外游戏空间的情况下改变场地容量。
- 确定上述项目是否需要更换或存在阻碍和妨碍,以利用最大的潜在可用空间。

我们还必须查看联邦/中央、州和地方政府的建筑要求,例如边界清理、街道通行和停车要求。此外,我们需要检查这些措施是否会对可用空间的使用造成严重限制,以及是否会对儿童户外游戏区造成明显的干扰,以致无法在场地上提供高质量的设施。

在重新规划现有的游戏场地之前,应评估以下内容:

- 放置所有的现有设备和固定结构,例如储物棚、攀爬结构、秋千、水池、可挖掘的土坑和沙坑、护墙和水龙头;
- 园囿、大型乔木和灌木的选址;
- 围栏、双门和单门的选址;
- 建筑物相对于户外游戏场地的位置。

2.2.4 通道

考虑以下事项：

- 大量的人员（例如25名儿童和监管教师）迅速进出建筑物和户外游戏场地。
- 提供允许儿童（包括拜访者和行人）独自进入的设施。
- 从街道和停车场处容易进入，如：这里是否有家长和儿童进入建筑物的通道？通道是否穿过游戏中心且不妨碍空间布局？
- 送货卡车的大门通道。
- 合理设计的停车场（如果需要），以便儿童可以安全地下车并走到人行道上。缺乏通道供给是造成儿童严重受伤的一个众所周知的原因。在某些情况下，他们还可能被倒车的汽车碾压。

2.2.5 地形、地势和土壤

应对场地进行调查，以清楚地了解土地的自然坡度、轮廓、高度和土壤类型的变化。

为了实现不同游戏的功能，需要一些几乎平坦的土地。虽然这些空间为各种游戏提供了充足的机会，但它们若长时间无变化，可能会使儿童感到无聊。比如，陡坡可能是一个优势，但当占据整个场地的主要部分时，它们会抑制游戏的多样性，这个时候可能需要通过土方工程来创建一些小山丘或其他空间以增加变化。在实践中，一个充足的空间应该既设置陡峭的路堤，也提供足够开阔的跑步空间和可攀爬的陡坡。

陡峭场地和平坦场地的土方工程将创造更有效的空间。当需要土方工程时，可能会涉及主要的额外成本，因此应在规划早期确定土方工程。因为它所可能产生的成本是决定场地规划是否可行的主要因素，而

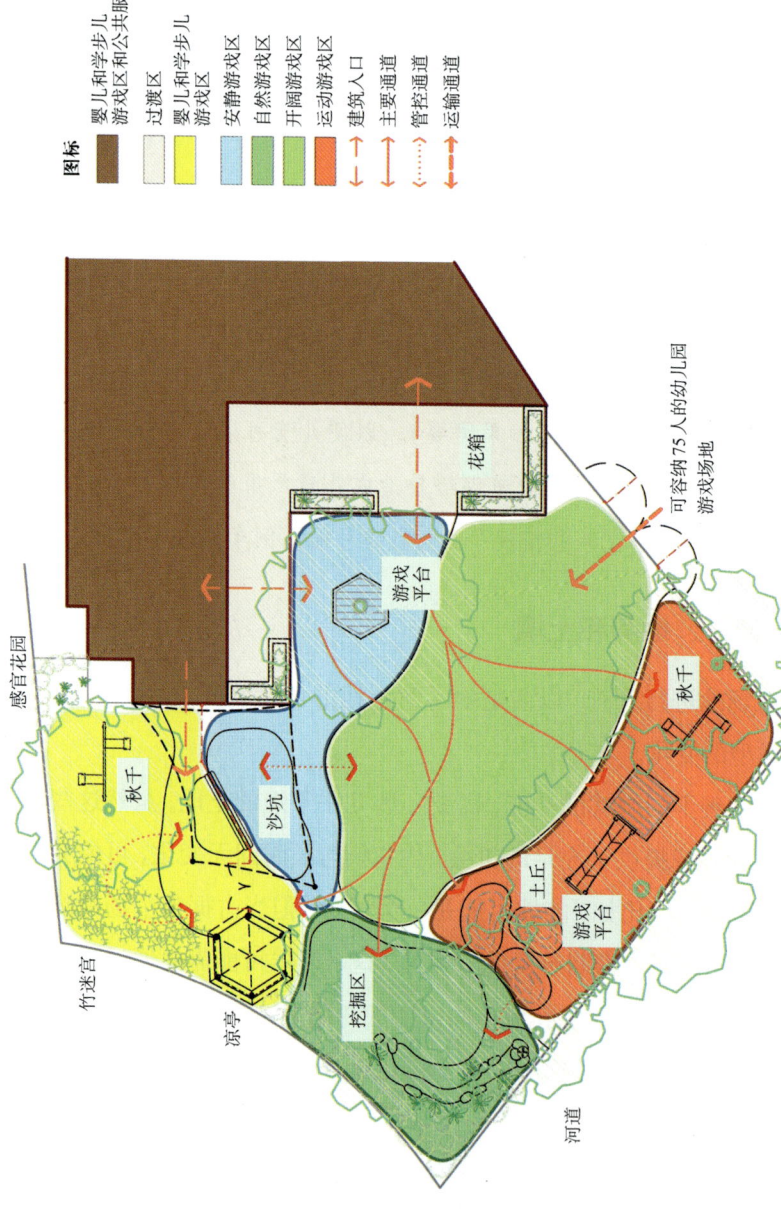

图2.3 空间和通道的分配：最初的游戏场地设计呈现为为特定形式的游戏而设计的开阔、安静和运动的区域，以及一个较小的毗邻游戏场地的区域，允许儿童之间的社会互动，以及教师在所有空间中的监管和支持。

政府的最低许可要求也许只能为有效的游戏场地提供不充足的空间。

我们应对表层土和下层土的深度和性质进行评估,以确定未来的种植物和土壤作为表层材料的可能性。侵蚀区域将随着大量使用而快速受损,所以规划时必须考虑到这一点,以防止反复出现维护问题。

2.2.6 方位和气候

良好的规划将利用气候的最佳特征,并保护儿童免受最坏情况的影响。尽可能选择朝北(或北半球朝南)的方向来帮助预测和评估对游戏场地的气候影响。

避免没有树木或遮蔽的露天操场,由大雨和不良土壤造成的潮湿或侵蚀的表面,多风但无防风措施的安静游戏区,多风的沙坑,炎热和干旱或者寒冷和无阳光的游戏场地。

要考虑的气候因素包括:

- 月降雨量和年降雨量。
- 极端气候:在寒冷且风速很快的情况下,将游戏场地设立在山脊上不合适。
- 风:速度和方向。
- 太阳:考虑太阳在一天中的不同位置,衡量儿童在何时使用游戏场地,确保在一年中的不同时间儿童能够获得冬季阳光的照射,并防止夏季炎热阳光的照射。
- 特定的气候状况,例如近海岸、湿度、山谷风、气旋天气、干燥和干旱。

在理想状况下,在任何现场采购或开发之前的初始场地评估阶段应该考虑这些因素,调整这些因素的成本可能很高,因为它们需要被计算成开发成本。

2.2.7 现有的植被

尽可能保留现有的植被，因为这是场地的一个重要组成部分。尽可能注意乔木和灌木的高度、树冠等条件和种类。利用树木管理员，仔细评估现有的植被，并确保树木一直长势良好，并可用于遮阴和分隔场地上的不同空间。

2.2.8 排水和水

地形图可用于评估自然排水模式、流域面积和地下水位深度。小溪、池塘、沼泽和天然泉水都需要考虑在内；如果空间供应允许，规划时可以建设性地将这些资源用于户外游戏场地建设中。

2.2.9 现有的和计划的服务

应注意服务性设施，并记录其位置对现场使用的影响、维护的可及性，以及防止操场建设期间的损坏。主要包括：

- 操场附近的道路、停车场和人行道；
- 排水和污水管道或坑、煤气总管、电缆、电信线路和水；
- 水龙头、水道、农业排水管和雨水系统；
- 消防车入口；
- 确保这些项目中的任何一项都支持而不是阻碍日后游戏场地的有效使用。

2.2.10 邻接土地使用

这些都应该被记录下来，因为它们会影响场地的设计。新计划应该是：

- 遮挡突兀的邻近要素：常见的是高高的工厂围墙、不悦目的庭院、吵闹和有尾气污染的道路、高楼的开发和嘈杂的购物中心。
- 利用任何有吸引力的景观和附近的树木，这些都是具有艺术美感和令人感兴趣的区域。

2.2.11 特定的社区需求

不同社区群体的需求应始终被考虑，并尽可能被满足。被困在狭小的城市家庭中的儿童更依赖公共开放空间和自然空间。幼儿园在提供这一空间方面发挥着巨大的作用，并使儿童有机会发展各种技能（如大肌肉运动技能），以及拓展那些可能在家庭环境中无法进行的群体性游戏。在乡村或农村地区，附加的空间有助于弥补孤立儿童的社会性发展，他们习惯于在更大的空间中感到轻松。这些空间提供了更大的行动自由，特别是对于澳大利亚土著儿童来说，这可能具有文化意义。

2.3 建立一个总体规划小组

一种多学科的设计方法——包括密切沟通、合作和分担责任——将需要设计一个复杂的户外学习环境，让儿童在游戏中茁壮成长。实现这一目标的最实际方法是成立一个小型、人员均衡的规划小组/小组委员会，以代表特定领域的专业知识和需求。多学科团队与其他具有跨学科技能的团队之间开放、平等的沟通将是有效规划的基础。

在理想情况下，多学科规划小组应包括：
- 受过培训和经验丰富的幼儿教育者、具有户外活动场地设计经验的专业人员，或者以前可能参与过该幼儿园设计环节的人员。对于根据儿童的需求来规划，这些人员不可缺少。
- 管理者的代表，例如幼儿园的领导者。

- 家长或者社区代表。
- 一两名现在工作于幼儿园/服务中心的幼儿教师。

额外的知情建议应由其他专业人员与规划小组合作来寻求和提供，并涵盖以下领域的专业人员。

- 城镇规划师：确定当地规划的要求。
- 景观设计师：检查他们是否接受过与儿童游戏相关的培训，或者是否有过规划幼儿园场地的经验，而不是设计公园的人员（因为这些空间需要有不同的理解和设计）。如果他们拥有这些技能，那么他们很可能在规划团队中发挥重要作用。
- 工程师：监督排水、结构墙和特定的选址要求等问题。
- 交通师：确定相邻物业和周围环境的侵扰性。

2.4 规划小组的任务

下列内容是一个大致的指南，涵盖了规划小组从早期规划到完成工作的职责。

2.4.1 管理咨询

对于现有的幼儿园，规划小组应考虑到教师的意见、关于游戏场地的咨询报告和信件，以及州和地方政府的法规。

对于新建的幼儿园，规划小组应阅读并讨论主办方的相关资料并与其讨论总体规划。规划小组还应考虑遵循州和地方政府的法规，并经常注意到这些文件中的利弊点，以确定是否能实现更好的解决方案。

在两种情况下，都应联系幼儿园中的咨询教师，来了解更多的信息。这种投入可以引起小组对官方要求和问题的注意，同时激发更多想法和解决方案并节省时间。

检查是否还有以前的规划，这样可以进行调整，以帮助节省资金。

2.4.2 委任专业的游戏场地设计师

写一份设计简介（即对你想要的东西进行解释），并选择能够满足幼儿园需求和具有规划解决方案的知识和经验的幼儿园专业设计师或景观设计师。一旦委任就应向园所管理委员会推荐他们。

在开始工作之前，首选的设计师必须访问场地，与规划小组讨论需求清单，并在开工前确定设计概要。规划小组应审核和批准首选设计师根据简要要求提交的书面材料，以确认服务和专业费用的范围。一旦批准，应向游戏场地设计师写一封委任书，并确定约定条件。

规划小组在任何时候都必须遵循经验丰富的幼儿专家提供的建议，来确保儿童发展获得最佳效果。

2.4.3 监督总体规划的准备

指定的设计师需要绘制一个其提议的户外游戏空间的总体平面图。至少该规划应：

- 基于准确的现场评估。
- 反映设计概要中说明的指示。
- 包括现有功能的记录。
- 包括现有结构的草图，以供进一步考虑（建议按 1∶100 的比例绘制）：有些区域需要更大比例的明细图，特别是涉及儿童安全的区域，例如所有的攀爬设施、秋千、沙坑和自由落体安全区域（吊杆）。
- 包括种植时间表（如需要）。
- 估算总体成本，如有必要，建议如何分阶段实施规划和申请资助。

一旦规划小组同意总体规划，他们应将其推荐给管理委员会来批准。

2.4.4　指定承包商

管理人员和教师代表需要参与这些讨论。它们可能涉及：
- 发出招标书；
- 评估回应；
- 选择有倾向的承包商；
- 签订合同。

2.4.5　管理实施

规划小组应仔细考虑委任一名经验丰富的人员来负责项目实施，并与设计师和建筑承包商合作。需要注意的问题包括：
- 应该始终避免对已批准的规划做未经授权的更改。
- 对已批准的规划提出的改变：这些需要与规划小组讨论，特别是与参与设计的幼儿教育者/顾问讨论，以确保这些变更不会影响孩子们使用空间的方式。
- 已存在的植被：确保它们在施工期间被保护好。

应该安排定期的场地检查，来监督实施和确保遵从规划和政府要求。尤其要注意：
- 设施位置不正确，如攀爬结构和秋千等设施位置不正确，或者离其他固定结构太近，以及存在严重的安全隐患；
- 工作协议由承包商签署，但只完成了部分工作；
- 可能导致儿童受伤的劣质工艺，如暴露的混凝土基脚（容易绊倒）或粗糙的木材饰面（有碎片和切口）；

- 工程完工后留在现场的建筑材料和设备。

2.4.6　评估项目

密切评估儿童如何使用已完成的空间，对于每个参与者的持续性专业发展至关重要，以便为未来的项目积累更广泛和更清晰的知识体系。

评估的关键要素应该是搜集教师对孩子们如何使用游戏空间的反馈：什么能维持他们的兴趣，什么不能维持他们的兴趣，以及什么可能是需要改进的？

特别注意确保向游戏场地的原始规划者——无论是具有跨学科技能的人，还是景观设计师——提供反馈。

2.4.7　小结

"为儿童（和成人）提供好的空间是通过提出正确的问题来建立目标，并通过需要支持的重要感受和行为进行思考的结果。一个好的空间不会强迫人们做出与目标相反的行为，例如依赖或过分强调次要的目标（如容忍等待）。"这种方法可以在普雷斯科特、琼斯和克里切夫斯基（Prescott，Jones，& Kritchevsky）的1972年的作品中找到（引自 Greenman & Jim，1988）。

第 3 章

总体规划和设计考虑

本章包含了一些适用于户外游戏空间整体规划和设计的要素。后续章节将描述如何规划和设计场地内的特定区域。

本章提要：

3.1	安全和风险管理 ▶	34
3.2	可持续性 ▶	36
3.3	入口区域 ▶	39
3.4	地面 ▶	41
3.5	排水系统 ▶	47
3.6	种植 ▶	48
3.7	围栏 ▶	51
3.8	服务功能 ▶	54
3.9	维护 ▶	55

3.1 安全和风险管理

设计师们需要规划一个有挑战性的游戏空间,其中不包括任何可能造成重大伤害的风险。必须基于对儿童游戏的观察,并且随着变化可用获得的新信息,采用持续的评估和消除严重风险的知情方法,积极认识儿童在游戏中获得的健康发展和挑战需求。

永远不可能有一个完全安全的场地。然而,规避风险的压力是巨大的。在英国,皇家事故预防协会(Royal Society for the Prevention of Accidents,ROSPA)警告说:"如果场地管理者未能合理谨慎地确保场地安全,避免可合理预见到的事故,那么他们可能会因疏忽而被起诉。"

管理风险可能仍然意味着小的伤害是可以接受的,并且事实上可能提供了学习机会。例如被刺刺伤或在跌倒中擦伤膝盖,是给儿童防止再次受伤的学习机会。

提供丰富的且刺激多种多样的潜在游戏产生的空间,将有助于满足儿童不同的游戏需求。在此过程中,轻伤可能会发生,但通常不像在狭小的场地上发生得那样严重。因为狭小的场地常常限制了游戏的内容,并阻碍了儿童在游戏中能力的获得与发展。

新建幼儿园的资金必须考虑到设计空间的成本,并使儿童能够通过游戏满足其发展需求,而不是通过提供现成的"安全"设计来降低成本。

在安全方面,需要考虑的一些规划要点是:

- 确保儿童和工作人员易于步行和观察。
- 定位高风险区域,例如秋千和高平台要远离主要活动区域,但它们仍然需要设置在工作人员方便查看的位置。
- 划分区域,将需要合作的活动划分在一起,从而将冲突的风险

第3章 总体规划和设计考虑

图 3.1 澳大利亚布里斯班教堂山社区幼儿园：寻求挑战的儿童感受光滑的巨石

图 3.2 澳大利亚布里斯班教堂山社区幼儿园：在寻求挑战时发现低结构树枝交叉的乐趣

降至最低。
- 在场地的主要人流处提供明确的入口通道，但也要保留可供儿童躲藏的空间。
- 根据相关的场地标准，提供充足的柔性地面，当儿童垂直坠落时，他们将落在一个安全、有缓冲的表面上。
- 在高空移动设施或者与游戏平台和秋千一起使用的可移动设施的下方提供柔性地面。
- 确保可移动设施的下方配有适当的缓冲表面（例如，有精确覆盖的树皮屑，其深度将符合您所在国家的相关安全标准）。
- 在可移动设施周围提供充足的间隙，并设置巧妙的障碍，以限制人员通行，提高儿童对风险的认识。潜在的解决方案包括：提供平直的树干、低围栏、进入该区域的橡胶轮胎台阶或抬高的花坛。
- 确保秋千所在的区域给秋千留有足够的摆动空间。
- 考虑过度日照和高温的影响，在种植方案中选择无毒植物。

3.2　可持续性

了解可持续发展，在幼儿教育及自然环境保护方面具有重要作用。这种认识将有助于儿童理解和认识环境及相应的社会和经济组织——也就是所谓的"可持续发展"。虽然这是一种共识，但它不被重视和实践。

例如，澳大利亚儿童教育和护理质量管理局制定了一项国家质量标准来规定：幼儿园应"在保护环境和促进可持续发展方面发挥积极作用"（ACECQA，2014）。

在过去的约20年中，可持续发展的理念已经涵盖了一系列从需要"教育可持续发展"开始的建设性方法（Julie Davis，Australia）。如：休·埃利奥特（Sue Elliott，Australia）倡导的"游戏是可持续学习的基础"；克莱尔·沃登（Claire Warden）倡导的"可持续发展是自然环境中游戏的基本词汇"，以及尼基·巴肯（Niki Buchan）的作品中所提及的"儿童游戏在野外自然环境中的实际应用"等。

在设计阶段中，在物理环境方面实现可持续规划的意图不太明确，因为它在支持有效实践方面的作用不太容易被传达。现实情况是，幼儿园户外区域所使用的教育标准和目前政府关于自然环境的立法状况并没有为儿童的发展提供进一步支持的政策文件。在实践中，许多工作都被狭小的空间限制，而这些空间都是由不具备教育学专业背景，或没有为儿童规划游戏场地经验的设计团队设计的。事实上，许多设计的初衷都是善意的，但它们往往容易受到商业驱动，并对发展高水平教学的物理环境的创设造成阻碍。

> 幼儿教育中的可持续发展教育被正当地批评为一个有待审查的领域。
>
> （Davis Julie M.，2010）

关注儿童的需求和可持续性应该是以儿童中心的幼儿园（包括户外游戏空间）设计和发展的基础。这就要求更多地考虑所提供的户外游戏和可持续实践所需的空间。在实践中，这意味着当事一方对幼儿的要求和针对幼儿的设计有充分的了解，以帮助选择地点和在制订计划时提供参考。至关重要的是，设计师必须与早期教育专家合作，以确保设计首先是基于儿童需要和发展的，这仍然是规划的核心。

户外游戏空间的设置对于让儿童了解可持续发展起着重要的作用。但在通常情况下，这些空间的设置是不合适的，并且限制了对可持续发展意识的培养和对所需的游戏教学实践的支持。在规划有效的户外游戏空间时，可通过以下方面来考虑可持续性：

- 利用现有的环境和地形，而不是简单地清理场地并从头开始设计。
- 检查场地并确保所有潜在的可用空间都是可用的，例如可供观赏但禁止儿童进入的大花坛。
- 让儿童有机会通过自然游戏和季节性种植与自然环境互动和学习。
- 根据对环境产生最低影响的标准来选择材料，并考虑最大限度地减少碳基能源和水的使用。
- 最大限度地发挥气候优势，并通过树荫和季节性种植等因素抵御极端情况。
- 鼓励儿童参与户外空间的持续维护和护理。

图3.3 土耳其伊斯坦布尔恩卡学校：良好的种植创造可持续性环境，儿童可以探索陡峭、具有挑战性的路径

第3章 总体规划和设计考虑

图3.4 土耳其伊斯坦布尔恩卡学校：发现玩季节性树叶的乐趣

3.3 入口区域

　　这是儿童和成人进入幼儿园的区域。一些幼儿园将一个具有安全性的大门作为外部围栏的一部分，然后人们可以步行进入大楼。另一些幼儿园会设置一扇直接通向入口区域的安全门。无论怎样设置，每所幼儿园都会有大量的成人和儿童进入，因而需要让每一个到达入口的人都体验到一种安全且舒适的感觉。

　　入口的设计应反映当地的实际情况，并为家庭和社区提供富有支持性的设置。特别是，需要考虑到人们到达时的各种天气情况。例如，到达区域需要足够灵活地应对人们合上雨伞或脱下外套的情况。在许多社区，为踏板车、婴儿车和自行车提供安全的存放区是令人感到便利的（包括那些可能骑自行车的成人看护者）。

入口区域也是欢迎区域，这个区域还可以是一个翻倍的社交空间，也许孩子的父母或者其他看护人可以在此逗留和聊天。此外，在一天的其他时间里，入口区域可以为孩子们提供一个安静的休息或玩耍的地方。

对于大门或正门，考虑如下。

- 使大门/正门成为主要的关注点：可以是铸铁大门或带有窥视孔的坚固大门，提供冒险和期待的感觉。门的高度应至少为1300毫米，可以根据场地调整设置，并配有儿童防护门闩和自动关闭装置。对于门，可以确定使用一种颜色，这样可以让幼儿园突出自己的特点，还可以让儿童感受到较强的到达感。
- 确保大门/正门的安全性，并且易于工作人员监督，以防止未经同意的人进出，同时为儿童及其家人创造一个具有吸引力的地方。在一些地方可能会需要额外的安全性设备（如感应灯或对讲机），因而可以考虑配备。
- 如果小型卡车在维护期间只能从这里进入，那么需要使用有儿童防护门闩的双闸门。
- 所设计的大门要与相邻围栏有同等的高度（高围栏和大门可能具有制度感和威严感）。

对于入口区域，如果需要，请考虑以下内容：

- 铺设一条宽阔、坚硬、防滑、全天候开放的道路或坡道，以方便使用手推车和婴儿车。
- 在邻接该区域的地方设置存储点，以满足家长在白天存储婴儿车、停放自行车的需要。
- 设置支持儿童和等待的成年人社交的元素，如长椅、花园类景观，也可能有拱门、藤架或简单的季节性树木。该区域需要呈现一种热情好客的氛围，这样可以较好地帮助儿童了解设施和熟悉环境。

- 确保通往入口区域的通道不会对游戏空间造成明显的干扰。

3.4 地面

儿童在游戏中不断与地面接触。地面因为有不同的质地、类型和形式，所以能够为儿童提供丰富的感官体验。因此，应谨慎地选择地面，要考虑可持续性、感官丰富性、审美性、游戏性、安全性和可维护性。

儿童不仅好奇，而且喜欢接触地面，他们很容易注意并对不同的表面纹理、图案和颜色做出反应。在温暖的日子里，赤脚在各种各样的地面上游戏，将有助于儿童更好地用脚感知地面。不同的纹理以及不同地面所产生的视觉变化，将有助于儿童感知自己在操场上的位置。如果这些是有吸引力的变化，那么它们可以使该区域更受欢迎和更令人感到愉快。提供视觉享受可以让人获得一种联想，即感觉此处是进行某种类型的游戏的场地。

喜欢游戏是儿童的天性，地面总能成为游戏的材料和场地。在地面上有很多种游戏选择，儿童特别喜欢挖掘、捏泥土、拍打和抹平沙子、塑形、耙和推松散的表层材料、用粉笔在坚硬的地面上画画、在铺路砖上保持平衡、在草地上翻滚和平躺，以及用水管冲刷坚硬的地面等。这些游戏大部分是非结构化游戏，儿童应该被允许进行这些游戏，因为它们可以增强儿童的发现力，促进他们的智力发展。

大多数场地的可持续使用取决于维护。当决定选择、开始设置和使用时，应当考虑使用方便补充的松散材料，以及草坪和刚性地面不开裂、容易清洗等问题。

如果要充分实现安全性和娱乐性，那么在选择地面和确定位置时需要考虑以下几点。

- 适用于每个区域的游戏类型：是安静的，还是忙碌或冒险的？
- 整个场地的特征，如土地的坡度：它容易被侵蚀、经常潮湿，还是设置了荫凉处？
- 单个区域的特征：这将有助于明确游戏区的选址和选择合适的地面。
- 影响地面保持良好状态的气候因素：持续潮湿会迅速分解某些材料。在热带气候下，雨水会冲走松散的表层材料，造成侵蚀速度较快；在炎热干旱的气候下，地面材料可能会持续发热；而在寒冷的气候下，一些松散的缓冲材料（如树皮屑）可能会变成坚冰。
- 成本：包括初始费用和持续维护成本，确保所选地面不会成为持续的财务消耗来源。

3.4.1 柔性地面

大约四分之一到三分之一的场地，通常需要用软质地面材料覆盖，主要覆盖的区域是攀爬架、秋千和儿童可能从高处坠落的设施的下方。潜在的柔性地面材料的范围很大，包括天然材料和人造材料。所选地面应该进行冲击衰减（即减震性能）的测试。然而，迄今为止的测试显示，一些传统地面无法充分降低受伤风险。虽然厚厚的、茂密的草坪可以提供足够的保护，为600毫米高的坠落提供防护，但在一个使用率很高的幼儿园里保持草坪的防护质量几乎是不可能的。应对柔性地面材料（特别是在活动区域）进行测试，确保其具有足够的冲击衰减特性，以防止儿童受伤。

高危潜在坠落区域的柔性地面材料，应从经过实验室测试认证的材料中选择，并在铺设的过程中使用该材料。需要考虑的几点包括：
- 材料是否容易被切割或存在潜在危险？
- 材料的颗粒太大会影响儿童在不穿鞋时的游戏吗？
- 这些大小的颗粒是否不易被吸入？
- 这种材料是否会吸引大量的害虫？
- 这种材料是否容易引起高过敏反应？
- 这种材料有毒吗？
- 它会造成火灾危险吗？
- 这种材料在湿或干的时候很滑吗？
- 正在使用的时候，它能否承受住因气候条件所导致的磨损？
- 它是否会持续散发热量（就像一些橡胶基材料），使其在炎热的天气里难以被忍受？
- 在非常冷的条件下，它会冻成坚硬的冰块吗？
- 如果它们是需要定期补充的材料，它们必须随时供应吗？

考虑以下内容，将有助于尽量减少儿童在比赛时严重受伤的可能性：
- 对照相关地方标准来检查冲击衰减特性，并根据这些内容选择一种地面材料。这就需要确定最大的可能坠落高度，以及提供一个能够防止产生重大伤害的冲击、具有较好吸收能力的地面。确保你获得书面担保。
- 使用批准的柔性颗粒状材料铺设至设计的未压实厚度，然后压实至设计的压实厚度（未压实厚度用于控制材料的用量，应按照未压实厚度来准备足量的材料）。
- 将柔性地面材料保留在一个区域内，以保持其设计的压实厚度。这可以通过使用边界或将该区域与地面连接来实现，边缘应与下沉区域的相邻地面齐平，并在该区域和相邻空间之间有一个带有标记的台阶，使儿童不容易被绊倒。

- 按可能坠落的面积计算，确定柔性表面的大小。对于1.5米高的设施，它应该延伸至少2米（最好是更远），以便在可移动设施（例如，支架、木板、梯子和网）与固定结构结合使用的区域下，有充足的柔性表层材料。该区域的边界应该设置足够的间隙，距离固定设施和设备至少2米，以防止儿童在摔倒时碰到坚硬的边缘。
- 确保地基平整，没有任何凸起（例如岩石或树根），以便实现柔性表层材料厚度均匀。在强降雨的过程中，如果没有将柔性表层材料粘牢在水平基座上，那么很可能导致整个表层材料被侵蚀或被冲走。
- 检查人造地面(如橡胶面和人造草)的橡胶和缓冲材料的厚度，所有合同都应写明这些地面能够承受的最大潜在坠落高度。获得一份地面满足所需的缓冲性能的书面担保。

一个区域铺设良好，并且所有的柔性地面均采用精细覆盖的树皮屑，是已经被证实为最可反复使用的地面之一，这是因为其缓冲性能好、质地柔软且耐热。

3.4.2 草坪和合成的人造草

草坪是一种理想的天然地面材料，是吸引人和使人感到舒适的。虽然最初铺设成本相对便宜，但我们需要为持续维护设定预算。为确保其持续使用并保持良好状态，必须注意以下事项：

- 不要在建筑物附近人流量较多的区域、遮阴区域或没有宽阔边缘的沙坑旁铺草皮。

- 在选择草皮时，要考虑当地的气候条件，以便它可以承受住频繁的使用，并很容易维护。重点应该是选择适合气候且能够全面覆盖的草皮，而不只是考虑草皮的质量[1]。
- 设置一个地下浇水系统，确保可以在儿童离园后定期浇水——这也将防止儿童在潮湿的地面上玩耍，以免磨损草坪。因为草坪需要不断重新修剪，所以很快就会超过最初的成本。
- 考虑在使用频率高的区域中用垫子或网状材料加固草坪。现有材料的质量各不相同：有些是永久性使用的，因此在草坪铺好后会有损耗。加固材料的使用可以防止草坪凹陷，保护草的根系，帮助地表水排出，也可以帮助维护地表、斜坡或土堆。

当场地很小或荫凉面积很大，草皮不能在日常使用下生长时，应考虑人工合成草。虽然最初价格很昂贵，但它提供了一个代替裸露地面的方式，并且很容易维护。从长远来看，它的成功取决于精心的选择和设计，不要整个场地都铺设人工草坪，要确保游戏和学习中保留一定的自然场地，让儿童能体验到自然环境。

在决定选择供应商之前，查看他们以前负责的一些项目，以确保他们的工艺令人满意。要求他们对所选的产品和自身的工作质量提供书面保证。在选择人造草坪时，需要考虑的内容包括：

- 能够承受住各种类型的气候，例如长时间的烈日、雪或海空气；
- 可以很容易地用水冲洗；
- 是耐污和耐霉的；
- 不容易留下痕迹，如果发生意外损坏（如火灾或人为破坏）可

---

[1] 例如，我国南方气候比较温暖，降水充足，比较适合耐涝和耐高温的暖季型草坪；而我国北方则天气干燥，光照充足，气温比较低，比较适合耐旱和耐寒的冷季型草坪。——译者注

以进行现场修补；
- 不会凹凸不平；
- 对于儿童的脚来说，不会太有刺激性和过于粗糙。

人工合成草铺设在砂基上是最好的，因为它允许水更容易地排出，并提供不那么坚硬的表面。可以依据以下内容进行检查：
- 满足所需要的径流量和排水量，以防止积水造成潜在的维护问题；
- 固定材料边缘的工艺是合理的，确保它们与相邻材料齐平，以便儿童易于进入，并降低绊倒的风险。

3.4.3 刚性地面

当精心地选址和铺设时，刚性地面可以提供一个只需要简单维护，但能大量使用、低风险的、有吸引力的可变化区域。这些地面最好位于使用频繁的区域，而不是运动或开阔的区域。使用频繁的区域包括：户外游戏中心、沙坑边缘、小路、露台、露台扩建部分和浅水池等。在其他人流量较少的安静区域，设置紧实的地面就足够了。在选择表层材料时，请考虑以下事项：

- 相对于混凝土和沥青，优先用步道砖铺成图案。图案可以形式多样（如圆形、方形、人字形或其他形状），这将有利于创造一个更有吸引力、更有刺激性的环境。
- 在铺设砖块时，应设置轻微的坡度，以利于表面排水。砖块应铺设在混凝土板或塑料薄膜和层积砂上，然后用砂和混凝土干混料填充缝隙。
- 在紧密良好的基层上铺设砖、瓦和混凝土，以免出现下沉、积水、裂缝。

- 避免瓷砖之间的颜色形成鲜明对比，因为这会分散注意力。一个更合适的解决方案是采用不易察觉的颜色组合，这样空间内儿童的情绪就可以根据使用的时机和形式而改变，以激发游戏水平进一步提升。
- 对地面进行防滑处理，但确保它们平滑，以避免擦伤和绊倒。
- 针对低风险区域的低成本解决方案，可以考虑其他骨料或地面材料，但不要太粗糙或太硬。

3.5 排水系统

排水不良（特别是在强降雨地区）会导致过度维护，中断对场地的使用。表层土壤、沙子和松散的表层材料很容易被冲走，暴露出粗糙的表面，容易堵塞排水沟。由于汇集了水，排水口可能会受到堵塞，排水设备的使用也会受到限制，人员拥堵和地表积水会迅速破坏草坪。缺乏应对暴雨的防汛排涝措施和方案，往往会导致建筑物和雨棚被洪水淹没。相反，如果有效地控制和使用地表水，那么其可以成为对儿童有价值的游戏材料。因此，需要寻求有关排水系统的专业建议，以防止反复出现与地表水有关的问题。

自然排水是最好的解决方案，但这很少能实现，特别是当没有对建筑和场地开发的问题进行全面评估时。通常，建筑物的位置、雨棚和土堆的放置可能会造成问题。以下方法已在一系列的幼儿园中被成功使用：

- 平地和下沉地面可以被填满，灌溉管道可以设置在地下。
- 水可以通过在围栏附近策略性地放置小土堆、土堆花圃、巨石和原木来改流——然而，这些解决方案不能应用于那些会阻碍入口、人流或游戏的空间。

- 浅排水沟可以与雨水排水系统相连。
- 在有坡度的场地上,设置适合儿童使用的阶梯状坡地可以改变水的流向——使用巨石、原木或填充泥土的橡胶轮胎。
- 小的、不排水的区域可以大量种植吸水性好的植物。
- 地下排水可能需要一个下沉的农用灌溉管道。

严重的排水问题可能需要以更具结构性的方式加以处理:

- 在强降雨地区,当游戏场地向建筑物倾斜时,沿着走廊边缘的有格栅的排水沟是必不可少的。要确保格栅的重量是孩子无法抬起的重量。
- 在场地的最低部分,可以设置一个深沟,并与雨水排水系统相连。为了有效,出于安全考虑,必须安装铝制格栅。同时,要确保有一个平坦的表面,孩子们可以在不卡住脚的情况下行走。
- 在场地上地势较高的区域,提供一个浅排水沟,游戏场地的不同部分之间的水位变化会形成一条水道,从而可以为儿童在游戏时创造几小时的乐趣。

3.6 种植

不同的植物对于建立一个感官体验丰富的游戏空间至关重要,这将有助于儿童感知可持续性。孩子们会看到叶子和花朵的形状,以及颜色的逐渐变化;会观察到植物的生长,叶子落下,种子、花和果实发育;会闻到草本植物、花朵、新修剪的草和雨后自然覆盖物的气味;会触摸到树皮,感受花瓣的柔软,或压碎手中的干叶;会听到树叶的沙沙声,踩在干燥的覆盖物上的嘎吱声、豆荚中种子的嘎嘎声,或者品尝到水果、蔬菜和香草的味道。

- 避免瓷砖之间的颜色形成鲜明对比，因为这会分散注意力。一个更合适的解决方案是采用不易察觉的颜色组合，这样空间内儿童的情绪就可以根据使用的时机和形式而改变，以激发游戏水平进一步提升。
- 对地面进行防滑处理，但确保它们平滑，以避免擦伤和绊倒。
- 针对低风险区域的低成本解决方案，可以考虑其他骨料或地面材料，但不要太粗糙或太硬。

3.5 排水系统

排水不良（特别是在强降雨地区）会导致过度维护，中断对场地的使用。表层土壤、沙子和松散的表层材料很容易被冲走，暴露出粗糙的表面，容易堵塞排水沟。由于汇集了水，排水口可能会受到堵塞，排水设备的使用也会受到限制，人员拥堵和地表积水会迅速破坏草坪。缺乏应对暴雨的防汛排涝措施和方案，往往会导致建筑物和雨棚被洪水淹没。相反，如果有效地控制和使用地表水，那么其可以成为对儿童有价值的游戏材料。因此，需要寻求有关排水系统的专业建议，以防止反复出现与地表水有关的问题。

自然排水是最好的解决方案，但这很少能实现，特别是当没有对建筑和场地开发的问题进行全面评估时。通常，建筑物的位置、雨棚和土堆的放置可能会造成问题。以下方法已在一系列的幼儿园中被成功使用：

- 平地和下沉地面可以被填满，灌溉管道可以设置在地下。
- 水可以通过在围栏附近策略性地放置小土堆、土堆花圃、巨石和原木来改流——然而，这些解决方案不能应用于那些会阻碍入口、人流或游戏的空间。

- 浅排水沟可以与雨水排水系统相连。
- 在有坡度的场地上，设置适合儿童使用的阶梯状坡地可以改变水的流向——使用巨石、原木或填充泥土的橡胶轮胎。
- 小的、不排水的区域可以大量种植吸水性好的植物。
- 地下排水可能需要一个下沉的农用灌溉管道。

严重的排水问题可能需要以更具结构性的方式加以处理：

- 在强降雨地区，当游戏场地向建筑物倾斜时，沿着走廊边缘的有格栅的排水沟是必不可少的。要确保格栅的重量是孩子无法抬起的重量。
- 在场地的最低部分，可以设置一个深沟，并与雨水排水系统相连。为了有效，出于安全考虑，必须安装铝制格栅。同时，要确保有一个平坦的表面，孩子们可以在不卡住脚的情况下行走。
- 在场地上地势较高的区域，提供一个浅排水沟，游戏场地的不同部分之间的水位变化会形成一条水道，从而可以为儿童在游戏时创造几小时的乐趣。

3.6 种植

不同的植物对于建立一个感官体验丰富的游戏空间至关重要，这将有助于儿童感知可持续性。孩子们会看到叶子和花朵的形状，以及颜色的逐渐变化；会观察到植物的生长，叶子落下，种子、花和果实发育；会闻到草本植物、花朵、新修剪的草和雨后自然覆盖物的气味；会触摸到树皮，感受花瓣的柔软，或压碎手中的干叶；会听到树叶的沙沙声，踩在干燥的覆盖物上的嘎吱声、豆荚中种子的嘎嘎声，或者品尝到水果、蔬菜和香草的味道。

从规划的角度来看，有一个包含园艺师、教育学专家或景观设计师的小型多学科团队是至关重要的。任何规划的基础都应该是听取经验丰富的早期教育从业者的反馈，最好是在拟定地点或其他地点观察儿童的游戏，以增加理解的深度。

需要对游戏场地内的现有植物进行仔细评估，以确保其在长期内是可行的[1]，并确保其在规划良好的户外游戏环境下是适宜的。可以问一些问题，比如：这些植物是否能够遮阴？它们是否属于游戏区域的一部分？它们对儿童会造成危害吗？总体规划应最大限度地发挥现有植物的潜力，并确保其在施工过程中得到保护。

新植物不应该妨碍对儿童的监管，即使他们在一个自认为"隐蔽"的地区（例如在灌木里的小屋里）。

3.6.1 设计考虑

考虑以下内容：

- 种植各种各样的植物（乔木、灌木、藤蔓、地被植物等低矮的植物，以及菜园），以创造一个美丽和具有功能性的游戏场。
- 用植物来创建一个三维的空间。
- 使用植物来划分游戏区域之间的空间，特别是它们应低于成人的视线高度，以有助于教师的监管，而不干扰儿童的游戏。
- 考虑种植形式多样（非传统形式）的花圃，以创造大大小小的安静的区域和躲藏的地方。
- 通过种植来完善未被充分利用的空间（如棚屋的边缘、毗邻的栅栏或台阶两侧）——从抬高的花坛植床到耐寒的蕨类植

---

[1] 可行，首先是指原有场地上的植物符合规划的目的和需要，其次是指这些植物能够持续生长。——译者注

物或草。
- 使用藤蔓来软化空间关系，创造遮阴空间，增强一种封闭感。
- 避免种植过度遮阴、可能导致草坪无法生长的植物，以及一些根部会导致服务线路和建筑出现问题的树木。
- 当计划种植树木时，要考虑到树根的长期影响，特别是在小型游戏场地上，凸出的树根会使儿童容易被绊倒——相比之下，大型游戏场地上的树根可以是一个美妙的攀爬区域，也可以为儿童创造一个私人空间。

在选择植物时，请记住以下几点：

- 选择各种各样的植物（如藤蔓、蕨类植物、仙人掌、灌木和全年开花的植物），因为每种植物都可以提供不同的感官体验。
- 选择一些早熟的植物，可以让儿童在一年开始时就能看到它们。
- 确保大多数植物都很有生机，易于打理。
- 种植各种开花植物，供儿童采摘。
- 植物具有明显的季节差异性，例如在春天绽放的花或在秋天变黄的树叶。
- 用来吸引鸟类和其他野生动物栖息的植物。
- 能刺激嗅觉的草本植物、花朵和叶子。
- 提供尽可能多的植物纹理（不同的树皮、叶子、茎和树干）。
- 提供孩子们可以看到生长过程和品尝的植物，如果树、蔬菜、藤蔓、灌木和地被植物。
- 种植那些有叶子、叶子沙沙作响或有落叶的树木，以便孩子们可以踩在掉落的叶子上。
- 种植具有各种颜色的植物，以帮助孩子们识别颜色。
- 提供本地植物：有助于日常维护，并向儿童展示本地品种和外来品种间的差异。
- 种植高大的落叶乔木，有助于冬季阳光洒落和夏季遮阴。
- 种植可以在低处修剪的蔓生灌木，营造宁静的小角落。
- 种植树枝足够低，并且可以挂绳子的树木，让儿童可以轻松地爬上去。
- 不要选择有毒的植物，以免儿童接触或食用。

3.6.2 土壤

与园艺师一起检查土壤类型，以找到准备土壤和选择植物的最佳方法。另外，孩子的父母或祖父母可能愿意并能够就当地的情况、发展和可用性提供建议。

土壤在总面积中的压实度会因地而异。在施工期间，建筑垃圾往往会被清理掉，然后用良好的表层土壤填补。压实或被污染的土壤不会让植物充分生长，因此需要松土，让植物的根系散开，并且在种植前清除任何污染物。

在选择一个场地之前，需要对该场地之前的用途进行调查，以确保土壤没有受到污染，并且对儿童正在生长的身体是安全的。进入现场的任何土壤或其他材料都不能存在任何污染。

3.7 围栏

围栏的选择应与功能相关——并不是所有的围栏都需要一样。同样应注意内部围栏和外部（或边界）围栏。它们应该将功能效果与微妙的邀请性和丰富的游戏性元素相结合。例如，仔细设计边界围栏可以为儿童提供安全保障，同时可以减轻交通影响或噪声污染。它们还可以增加场地的吸引力，并提供游戏机会。

边界围栏必须是防孩子的，其建造方式必须让孩子们不能爬过它们。选择围栏时，应该避免其成为孩子们的"立足点"。如果有吸引人和具有安全性的视域，那么围栏的高度可低至1.3米，根据邻近的土地用途，围栏最高可达1.5米。这可能因政府许可要求的不同而有明显差异。注意：考虑到街道或邻居的噪声，可以选择由混凝土砌块、砖块或压缩纤维板制成的隔音围栏。位于繁忙的道路上或街角的幼儿园可能需要更高的围栏。

根据儿童的需要和不同区域的功能，在场地上使用内部围栏的做法有其优势和限制。最常见的用法直接涉及儿童的年龄和技能变化。蹒跚学步的孩子经常在一个更大的场地上与更敏捷的儿童发生冲撞。然而，处于过渡时期的儿童可能需要根据他们的发展水平或游戏兴趣，在年长/年幼儿童所在的区域之间移动——这可以通过精心的设计来实现。避免围栏阻断游戏场地的不同分区，因为这会抑制不同年龄儿童间重要的社会交往和发展。

场地之间的通道很重要。出于维护的目的，可能需要双闸门，教师也可以自行决定对孩子的进出进行开放式管理。儿童的技能范围不断扩大的一种迹象是，他把一块积木或一把椅子推到低矮的内部围栏边，试图爬上去。通常，当我们看到这一举动时，应该感到这是庆祝孩子的新赋权感的时候。此时，我们可以打开"大门"，陪他（她）参观年龄较大的孩子的游戏场地。

对于边界围栏，请考虑以下内容。

- 确保它们的结构完整，并考虑到易于维护和材料相对便宜。
- 出于安全考虑，围栏的坚固性至关重要。请考虑在与儿童视线高度齐平的地方切割窥视孔或使用透明面板，特别是在考虑让儿童看到机构之外具有吸引力的景象时。
- 考虑气候因素：实心的围栏能在较冷的气候中阻挡凛冽的风，

并在冬季起到保暖作用——在较热的气候中，有空隙的围栏（如木栅栏）允许凉爽的微风吹入。
- 在围栏上添加植被：这可能包括生长在围栏顶部150毫米以上的不锈钢丝上的藤蔓（以防止被踩踏）。
- 通过在墙或围栏的部分添加不同的游戏素材（风铃、壁画、画板等），激发儿童的兴趣，并创造刺激。

如果使用内部围栏，请考虑以下事项。
- 使用低矮、垂直的板条栅栏（不需要支撑点，约600毫米高），让蹒跚学步的孩子能够扶着行走，并且看到毗邻的游戏场地。
- 在垂直板条栅栏上提供一个200～300毫米宽的低平工作台，作为可直立儿童的游戏平台——它也可以用于对沙坑进行分区，沙坑的一端可以指定给较年幼的孩子做游戏。
- 在高度为500毫米的地方设置种有鲜花的花坛（也可以种植其他植物），为爬行的孩子提供一个平面，可以支撑他们直立起来，在其学习走路时提供支持，同时使其可以看到毗邻的游戏场地。
- 使用不同形状和类型的栅栏与有机玻璃，提供不同的视觉和感官感受，两面均可以使用。例如，可以选择竹竿、在敲击时产生不同声调的材料，以及有不同颜色的窥视孔。

3.8 服务功能

3.8.1 供水系统

需要仔细考虑纳入和设置供水系统。例如，水道的选址应使用于游戏目的的水能够延伸到浇灌区和花园培育区，强化儿童对如何创造和维护可管理环境的理解。

水用于游戏、维护花园或草坪，以及混乱游戏后的清理。水通常来源于城市供水管网，但在更干燥的气候下，往往由内部储存设施（为了避免监管问题，必须对其进行选址）来补充供水。就出水口而言，一个小型游戏场地至少需要3个水龙头，较大的游戏场地至少需要6个水龙头。在需要水的游戏区域（如混乱游戏区），以及储存区域（以便在放置物品前清理场地）设置水龙头。有些机构选择精密的自动草坪/花园浇水系统，但除了沙坑需要水外，还有水道、浅水池、儿童花园、设备清洁等需要水。

3.8.2 电力供应

并不是游戏场地中的每个设施都需要用电。然而，要考虑日常需要的场景，如储物棚的通风/照明、凉亭的灯光/音乐，以及安全照明。在走廊上的高度至少为1.5米的架子上要有电源点——这已被证明在许多机构中大量应用——用于音乐播放和夜间会议的照明或特殊场合，还有可能是周期性的社会活动（比如在一个圆形剧场里开展故事会），如果有邻近的电源插座，那么就更容易设置和管理。

要有意识地防止儿童接触和破坏电源插座（特别是在高密度的城市空间中）。在这些空间中，机构可以受益于外部照明，以尽量减少儿童的破坏行为带来的风险。

3.9 维护

物理环境的维护对于确保任何户外游戏场地的长期存续都是至关重要的。糟糕的维护会妨碍场地设置的目的，特别是当它限制和抑制孩子执行他们的游戏想法时。

一个场地的有效规划和实施，预示着它将多么容易维持下去。这在建立新的机构时尤为重要，通常需要空间区域的选址和分配、排水设施和一些基本的早期土方工程。但在现有的游戏空间中需要增加一些小的东西，比如准备一个新的沙坑。在其他情况下，在规划阶段就考虑维护问题可以确保一个可行的儿童可进入的户外游戏场地的建立。从长期来看，在规划阶段削减成本，在实践中被证明需要付出非常昂贵的代价。

最具破坏性的是，糟糕的维护会对儿童造成不必要的伤害。比如：由于绳子断裂而跌落，因锋利的边缘、凸起的钉子和螺栓，以及儿童可以弄弯的生锈设施而受伤。

一个好的场地可能会因为缺乏定期维护而受损，这通常意味着无法处理随着时间的推移而变大的小问题，并对成本产生不利影响。为持续维护分配预算，对场地、建筑物和设施一样重要。通过游戏场地使用的小时数，可以计算出每天或每年游戏场地的使用时间——将这一数字乘以儿童人数，就可以计算出被大量使用的区域，并确定可能的磨损量。在一个精心计划和布置的游戏场地中，每天的磨损可以被看作成功的标志，并清楚地表明游戏空间对孩子们有激励作用，以至于他们经常使用场地。较小的游戏场地的使用率通常更高，并将需要更高水平的持续维护。

破坏行为在许多机构中都是问题。对于这些问题，没有简单的解决办法，每个问题都需要被单独看待。设计师可以通过创建低成本和易于维护的场地来处理问题；可以招募邻居为志愿者，以密切警惕破坏者，并提供一个紧急联系电话；可移动设施可每晚存放在锁闭棚中（请参见8.5"储物棚"）。这些预防措施将消除一些对破坏者的诱惑（尽管不能消除全部的诱惑）。

提供一个维护良好的游戏场地，需要多方面的力量来完成，有赖于各方之间清晰、公开的沟通。要建立一个持续的维护系统，它将经受住人员的变化，旨在实现一个安全的游戏环境，并不受容易维护的需求所影响。

3.9.1 在规划场地时要考虑的维护任务

场地的初步规划应旨在将维护减少到最低限度，避免不必要的持续成本，并促进维护。需要考虑以下要点。

- 定期的植物维护：所有的树都应该由有经验的园艺师定期检查，帮助清除死木，并检查树木的状况，评估其长期生存的可能性；在炎热的气候下，拆除遮阴罩会对遮阴产生消极影响。
- 卡车通道：这是为了能够直接将沙子运送到沙坑，将新草皮运送到草坪，以及运送表层土壤、树皮屑和攀爬设施下的柔软表层材料，从而避免不必要的劳动力和成本消耗。
- 地表水的排放：至关重要的是，大部分的户外游戏场地要在下雨后迅速清理，这样孩子们就可以避免使用潮湿的表面，并导致草坪等表面的磨损。
- 设置排水井和深沟：这些应该沿着阶梯的边缘设置，并且是开放的排水沟，成年人可以很容易地拆卸格栅并进行维护。
- 在重要的地方设置水龙头：这对游戏的开展至关重要，也可以使给草坪和花园浇水和冲洗铺设区域的任务变得容易。

- 安装自动定时浇水器：可以在儿童离园后自动浇灌，这在儿童停留时间较长的日托中心里尤为重要；还要考虑地下浇水系统，因为最初的财务支出通常是通过减少持续的维护成本来收回的。
- 地表的选择：考虑游戏场地的气候、当地规定和遮阴需求，确保草坪不被完全遮阴，并且大量使用的区域有与其相匹配的表面。
- 保留使用松散表层材料的区域的边缘：这将有助于保留材料，特别是在紧凑的、小的游戏场地上。宽的清扫边缘有助于这种维护，也提供大量可使用的表面，以扩展幼儿的游戏。边缘应与相邻的表面齐平，以防止儿童被绊倒，并促进相邻草坪的修剪。像这样的边缘可以尽量减少对表层材料的不必要混合，如果松散的表层材料要保持其厚度和冲击吸收质量，这是很重要的一点。
- 将草坪规划在开放的、阳光充足的位置，以确保它们的生存；选择足够坚固的草坪，使其几乎可以持续使用，并适合该地区的气候和土壤特点。
- 通过设计水池（即使预期作为平坦的甬道或开放式草坪），以避免更高的维护成本。
- 确保沙坑有宽的清扫边缘，有轻微的坡度，因为这将有助于将沙子扫回坑。巨石和高的木材边缘可以抑制这种情况的发生。
- 计划安装更容易维护的设施：标准化的配件更便宜，更容易翻新，而对木材重新染色比重涂油漆更容易。
- 将植物安置在尽量减少修剪的区域，并选择耐寒和易于照料的物种——包括地被植物（以减少持续除草）和本土植物，或适合该地区的植物。

第4章

自然游戏区

本章提要:

4.1	为什么儿童需要自然游戏区 ▶	60
4.2	戏水 ▶	63
4.3	儿童的花园 ▶	69
4.4	挖掘区 ▶	70
4.5	动物、鸟类和昆虫 ▶	74

4.1 为什么儿童需要自然游戏区

"可持续教育"的说法近几年比较流行,而儿童与自然接触的价值在几十年来已经被融入良好的户外场地设计中。自然游戏区提供了一个理想的环境,使幼儿园在向幼儿介绍爱护环境的理念时发挥重要的作用。本章将介绍一系列在自然游戏区中鼓励幼儿与自然接触的户外游戏元素:水上游戏、挖掘区、花园、动物和鸟类之家。

涉及这些元素的游戏在场面上是混乱的。幼儿可能以一种感官探究的形式开始,然后逐步向探索更广阔的地方和更多的材料发展。4—5岁幼儿更希望有机会进行身体创造游戏,并以更接近真实事物的方式表达幻想和想法。此类活动也将有助于幼儿感知和理解日常生活中

图4.1 澳大利亚布里斯班教堂山社区幼儿园:在攀登挑战后从高处观察的乐趣

令他们兴奋但难以完全理解的元素,这种探索使幼儿获得持续的兴趣——因为他们建造了无数的泥饼,这些泥饼通常是复杂的水坝、水道、桥梁、道路系统和岛屿。

凯瑟琳·怀特霍恩(Katharine Whitehorn)提醒我们:"丰富的经验,而不是整洁的完美,才是整件事情的目的。"(引自 Lady Allen of Hurtwood,1968)

图4.2 澳大利亚布里斯班教堂山社区幼儿园:孩子们观察他人,以建立最好的方式来应对有一定风险的新挑战

这种游戏有助于幼儿的认知学习。随着年龄的增长,他们开始意识到游戏中一个元素的变化如何影响另一个元素。例如,要使用多少土壤,如何最好地移动它来做一堵坝墙,以及水龙头要开多久才能填满大坝。这种学习可能会进一步扩展,幼儿能够将注意力转向游戏的另一部分,并在大坝快被填满时将注意力转回来。这些认知技能通常

是在激烈的游戏期间，通过反复试验获得的，并且需要运用大动作技能。比如，那些可能被工人认同并使用的技能——铲、挖掘、开渠、拖、运、拉、举、推的动作，以及推平、拍打、塑形和浇筑等活动。泥土、水和树叶通常是游戏的原材料，能够提高儿童的感觉、触觉和嗅觉等感知觉的发展。

通常这种游戏是独自的，这种独自并不总是因为幼儿缺乏社交技能，而是因为在合作和分享前要先感受场地，并获得对场地位置各方面的熟悉和理解。在大多数情况下，这种游戏吸引并挑战年龄较大的儿童（4—5岁儿童），他们在大、小团体中共同游戏。为实现共同创造的目标，他们共享劳动，这将要求并引发合作游戏的新水平。这个过程可能会产生在户外的其他地方看不到的团队领导力，如带有命令的口头交流，以及出现关于主意、幻想和思考等方面的表达。

图4.3 澳大利亚布里斯班教堂山社区幼儿园：攀登后享受安静的休息，观察其他人游戏

挖掘会产生工作/游戏，使幼儿能够认识到自己年龄更大，更有责任感，因为他们用铁锹挖，用木头、砖块、塑料管道建造，或者将软管与土壤和水结合使用。通常这个游戏会释放紧张，因为孩子们享受着合法的机会去建构、破坏和再建构。

这种混乱的游戏不仅是有趣的，而且是必要的发展阶段，可以促进幼儿的身心健康。越来越多的研究结果表明，应该把玩泥土作为幼儿增强免疫系统的一种方式，因为这会使他们较早地接触在土壤中自然存在的微生物（可参见 Lee, 2012）。

灵活性——为了解释儿童的游戏或与自然的互动，共同线索是儿童可以跟随他们的兴趣并探索他们在户外空间中可用的任何事物（Nicki Buchan, 2015）。

4.2 戏水

即使是非常年幼的孩子，水也是他们喜欢的游戏材料。正是水的开放性使其能够适合幼儿表达任何想法和进行任何建构活动。无论是单独使用，还是与其他材料一起使用，水都具有这样的魔力：无论幼儿是触摸、饮用、泼洒和喷溅它，或者通过倾倒、筑坝和海绵吸附来控制它，还是通过用软管冲洗、排水、装桶和采集来移动它，水都为幼儿提供了无尽的具有吸引力和提供满足感的创造性游戏。

良好的规划可以通过提供浅水池、水道和小池塘，在更大的范围内扩大水上游戏的潜力。

4.2.1 浅水池和设计方面的注意事项

浅水池，顾名思义，幼儿不能将自己沉没在浅水池中——这是一个他们可以行走、坐下、倒水和泼水的地方，也是可以避暑的地方。在

图4.4 高密度的亚热带种植创造了一个荫凉空间，里面有一个可以藏身的洞穴和一条浅水小溪

较冷的月份，设计优良的浅水池可以空着，用作特定的游戏场所，特别是可以在其中添置垫子、鹅卵石、拼图、画架等开放性材料。

需要考虑以下有关设计细节和安全要素的指南。

地点

- 将浅水池设置在有水的地方（如靠近水龙头），以及可以监管的地方。如果满足这些条件，则浅水池的位置可以根据场地的大小和相邻设施的位置而有所变化。
- 考虑将浅水池设在两个特定游戏区之间（如自然游戏区和安静游戏区之间）来提供自然的过渡。为了延长游戏时间，水道可以通向浅水池，并允许排水到相邻的花坛或排水系统。
- 在可能的情况下，利用游戏空间内现有的天然材料：一小段堤岸，一块放置在土堆顶部的石块，上方有一个水龙头，或者在给定的空间内的地面高度变化。
- 可替代的方案是，在低丘上建造水池，使水道从浅水池流到挖掘区。

尺寸、形状和深度

- 确保浅水池足够大，以便一群孩子可以同时使用。3~4平方米对于小型活动小组的游戏来说已经足够了，但最终面积将取决于机构的空间和要容纳的儿童数量。它可以被设计成一系列相互连接的浅水池，每个水池可容纳多达五六个孩子。在一个拥有足够空间的大型幼儿园里，包含了一系列相互连接的浅水池，这创造了一个极好的空间分解，并允许不同形式的游戏发生。
- 考虑在水平面上设计略微相互关联的变化：水平面可以有15~200毫米和高达500毫米的变化，幼儿可以从一层步行或爬行到另一层，并在沿着连接到浅水池的分层水道上坡时享受纯粹的快乐。但水池深度不应该超过150毫米。

表面和边缘

- 使用不滑的表面，例如粗糙的混凝土成品或更有吸引力的花纹砖。
- 考虑将边缘与地面齐平，便于幼儿进入并防止幼儿被绊倒，或建造高和宽约300毫米的凸起边缘，让幼儿可以安全地坐在上面，并且仍然可以轻松地进入水池。巨石或木质台阶可以创造一种令人愉快的进入方式。
- 如果边缘是用木材建造的，应确保它们不容易腐烂、裂开或吸引白蚁。

水和排水

- 在临近水池的地方至少安装一个水龙头,以便成人和儿童都能轻松地取水。
- 安装简单的排水系统,以便在不被监管时水不会留在水池中。出于健康和安全考虑,必须每天检查,池水可以通过连接到雨水排水系统而排走,也可以排到深坑或相邻的花坛中。
- 在水池底部安装一个带有格栅的下沉式排水口,用直径为50~60毫米的塞子来帮助蓄水。准备一个专为成人或儿童轻松清除沙子而设计的淤泥收集器(尤其是在远距离排水时),可以防止下水道堵塞。

遮阴

- 考虑到冬季需要阳光照射和夏季需要遮阴,可以将浅水池设置在大落叶树下——如果它们是落叶树,则需要一些额外的维护,防止腐烂的叶子形成光滑的地面。清扫落叶是孩子们比较喜欢的一项任务。
- 在全年或炎热的夏季使用人工遮阳罩,相关器材需要小心放置,以确保它们在最热和最频繁使用的时间里,为游戏场地提供最大面积的遮阴。
- 考虑设置固定的屋顶遮阴处或带有藤蔓的凉棚,来满足四季变化的遮阴需求。在热带气候下,设置固定的屋顶遮阴处几乎是强制性要求。

4.2.2 水道或小溪和设计考虑

低结构的水道和小溪很受孩子们的欢迎,因为它们为孩子们提供了建造和创造的空间(建造自己的河流、水坝和瀑布),他们可以在水平面上对流动和漂浮的物体进行实验。请考虑以下注意事项：

- 建立远离主要人流区的水道，最好靠近一个活动区域，并通向挖掘区或浅水池。
- 保持水道是浅的（对于小流量的水流来说，水深不超过10~20毫米）。
- 考虑将地下管道延伸到另一个区域，理想的水道是通过设计一定的障碍，或者让水流穿过一个狭窄的区域，以降低水的流速。
- 如果水流可以控制且不过量，那么可以让水流入挖掘区或花园区，或者连接到雨水排水系统和街道排水沟。
- 使用结构化水道来排出地表水，或将其从一个游戏区域引流到另一个游戏区域。

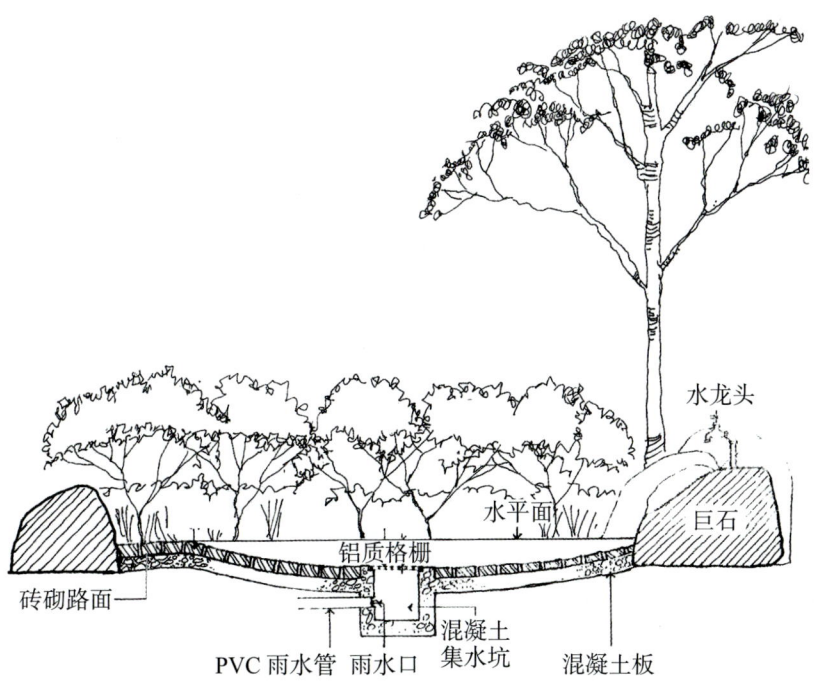

图4.5 带有水龙头的浅水池，排水方便且深度适宜，儿童可以在炎热的天气里进行浅水游戏，而不会有溺水的风险

- 在小而紧凑的游戏空间里，用鹅卵石等物品和水闸创造一条狭窄的混凝土水道，在源头处设置水龙头，使其与挖掘区相连。
- 在更大的游戏空间中将水道设计得结构更松散，这将有助于排水。

4.2.3 小池塘及设计注意事项

小池塘有很多用处。它们可能被用来养小型热带鱼、养鸭、种水百合，也可能只是供儿童发呆和享受的地方。在设计池塘时，请牢记安全问题：幼儿可能会在5毫米深的水中溺水，因此必须将池塘设置在有人监管的区域，或有固定的安全护栏。

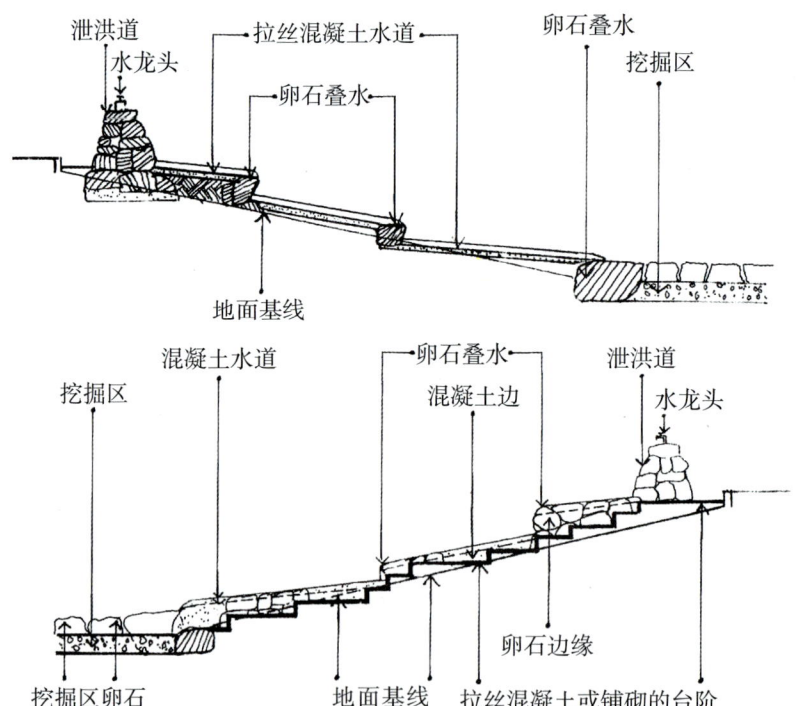

图4.6 利用率高的水道与挖掘区相连：创设阶梯式的、儿童可到达的小溪，使水流向挖掘区

在设计池塘时,请考虑以下事项:
- 选择安静区域的遮阴处,或者不超过2平方米的单独的秘密场所,深度约为250毫米(池塘可以在地平面以上或以下)。
- 在池塘底部使用混凝土或直径为10~15毫米的卵石,并在区域内和周围种植植物,创造宁静的氛围。
- 使用光滑的圆形巨石将池塘边缘抬高至500毫米——这将提供足够的高度,以阻止儿童跑入池塘,同时允许他们伸手去查看里面的东西。
- 在水平面下放置按尺寸切割的加固网,防止儿童掉入水中。

4.3 儿童的花园

虽然儿童种植或园艺计划可以在大部分的场地上进行,但仍需要留出一个特殊的区域供儿童规划、照料和体验,这在很大程度上能够使他们具有关心和照顾植物的责任心。在教师的支持下,儿童将学习如何种植种子、鳞茎、幼苗和插枝,以及如何浇水、施肥、除草和照料花园。他们将学习如何给土壤通气,并且在肥沃的土壤中发现蚯蚓。他们会认识到哪些昆虫是害虫,以及哪些植物需要阳光和更多的水。他们可以享受采摘、嗅闻、品尝和观察正在生长的植物;可以了解不同的花与根的关系、叶子的形状和颜色,并将花园里的植物融入分类、搭配、排序、烹饪和制作拼贴画等活动中。

4.3.1 设计考虑

儿童的花园应该毗邻安静的区域或一小块未使用的土地。它不需要很大,因为它是现有花园的补充。需考虑以下内容:
- 在花园的两边设置通道,让孩子们能够轻松地照料植物。

- 对于较大的花园，应设计成曲形或方形的形状，并带有铺路砖、圆木或压实土的通道，以方便人员进入。
- 设置宽度不超过500～600毫米的花坛，并且邻近护栏，以容纳葡萄藤和其他植物的种植。
- 使用加高的花坛或窗栏花箱，让儿童即使在室内也能享受花草，这样坐在轮椅上的孩子也可以享受照顾和观赏花草的乐趣。
- 提供完整和部分遮阴区域，使儿童能够体验种植喜阴植物。
- 靠近水龙头或软管，以便于浇水。

4.4 挖掘区

一个大型的非结构化挖掘区，将为儿童提供一个独特的机会进行大规模的创造、试验和思路拓展活动。通过使用沙壤土和经常浇水，他们有机会使用两种非结构化的游戏材料。这使得他们的游戏在构建、分解和发展想法时，对周围环境产生显著影响，随着游戏的进行，这些想法会变得更加复杂。正是这些特性，使挖掘区成为最受欢迎和使用最频繁、游戏最集中的区域之一。

挖掘区的成功取决于几个因素，例如：它的大小、水的获取（尤其是在天气炎热的月份）、地面的高度和类型，以及教师（和照顾者）是否愿意看到这是一个富有游戏和学习潜力的区域。

4.4.1 需要注意的事项

位置和大小

- 将挖掘区设置在游戏场地的远端，最好是水可以流到空间中稍微下沉的区域。
- 选择自由形状，而不是矩形，因为后者会限制游戏。

- 选择一个至少10平方米的空间,理想的空间面积是25~30平方米。

图4.7 澳大利亚布里斯班奥尔德利幼儿园:在大雨后,儿童在挖掘区进行脏乱的、专注的、具有持续分享性和富有想象力的游戏

- 将挖掘区的边缘设计得不像沙坑边缘那样正式和结构化。

材料
- 提供松散的土壤，以便孩子们可以相对轻松地深入挖掘。
- 仔细选择土基：结块坚硬的黏土会使儿童感到沮丧，容易损坏衣服，并存在维护问题。应使用不会弄脏衣服的沙壤土或天然游戏场地的土壤和沙子的混合土。

水
- 在挖掘区的最高点安装一个水龙头，形成类似于瀑布的水流。
- 在光滑的巨石顶部安装一个水龙头。
- 可替代方案是，利用瀑布或天然水道通向挖掘区或作为挖掘区的一部分，儿童有机会尝试让物体在水面上漂浮并建造河流和水坝。
- 在干燥的气候下，将雨水收集罐直接连接到挖掘区，或为挖掘区设置提供水源的水道。将雨水收集罐放置在孩子们可以观察到的地方，同时他们可以学习评估目前可用的水量。

引流
- 挖掘区的多余水流可以为整个游戏场地上的植物浇水。
- 在必要时，可以在狭窄的场地中设置地下排水系统，并将其连接到雨水排水系统或街道排水沟。
- 向邻居的花园中排水时要征求许可。

以下设计内容将增加该区域的自然感：
- 种植大量的植物可以创造一个想象中的带树荫的丛林区域。可

第4章 自然游戏区

以通过喜阴植物（如耐寒的蕨类植物）、本地的草本植物、相邻护栏上的藤蔓、落叶乔木或低矮的灌木等来划分区域，打造令人兴奋的游戏空间。

- 将高度为500~700毫米的小土丘设置成流动形态，儿童可以跑来跑去，这为防止沙土和水流失创造了良好的屏障。
- 大而光滑的巨石、原木或装有土壤的橡胶轮胎可以形成台阶，有助于防止沙土和水的流失。

作为这些开放式游戏空间的补充，可以广泛使用开放性材料，包括：

- 带有圆形底座的小金属铲；
- 桶；
- 独轮车；
- 抹泥刀；
- 圆木和中等大小的巨石（直径约为300毫米），孩子们可以移动并用其对地面材料进行塑形，或者坐下来和爬上去；
- 一张桌腿被砍短的废旧桌子，做成低矮的工作台，用来堆放表面材料，创造架高的水道；
- 悬挂在一棵大树上的滑轮，树里有一个绳结，这样它就可以被拉出来，用于装运桶在不同的区域之间移动；
- 改造后的PVC[1]管/雨水槽，参照标准水管连接件，将管道切割成500毫米长或以下的模块，通过纵向切割管道，斜切边缘，让孩子们用一系列不同的配件（如Y弯或S弯）将其连接起来，

---

[1] 是聚氯乙烯（Polyvinyl chloride）的英文简称，由氯乙烯在引发剂作用下聚合而成的热塑性树脂。——译者注

从而创建一个水道。

4.5 动物[1]、鸟类和昆虫

户外游戏环境可以为儿童提供更多与动物和鸟类正式接触的机会,一个精心规划的自然游戏场地可能会引入鸟类和昆虫,并为儿童提供许多自发地学习和体验的机会。

亲手触摸、观察和照顾小动物使幼儿感到兴奋和着迷,能减轻他们对动物的恐惧,并促进他们对所有生命的了解、欣赏和尊重。通过照顾小动物,孩子们能够了解它们的需求,并通过为它们提供食物和

图 4.8 澳大利亚布里斯班:孩子们沉浸在对蝴蝶的感官探索和观察中

---

[1] 主要指除鸟、鱼、昆虫或人类之外的生物。——译者注

水、保护其免受天气的影响来发展一种对自然的责任感。在触摸和安抚一些动物时，孩子们会产生感官上的愉悦感，并且在照顾它们时与其建立一种安静的共享关系。孩子们需要学习新的物理技能，这样他们才能够小心和充满尊重地对待生命。

这种亲身体验扩展了儿童的智力，因为他们开始了解动物的不同分类和行为，获得关于动物生命周期的概念（通过观察筑巢的鸟类、蝌蚪变成青蛙或小豚鼠哺乳）。同时，这些可能让他们对生死有了初步的认识。显然任何可能带有危险性的生物都必须被排除在外，并且儿童需要知道这样做的原因。

获得这些学习经历是所有儿童的权利，如果家庭环境不能为他们提供这些经历，那么它们就变得特别重要。住在高层公寓或紧密、整洁的街区的城市儿童特别需要这种体验。

教师必须仔细确定其可行性，包括任何健康和环境的限制。检查当地议会法规，卫生、渔业和野生动物法规，看看对饲养某些动物是否有限制。患有过敏症的儿童也需要考虑，持续性维护对减少儿童的患病风险至关重要。

安静区域非常适合提供更有计划的自然体验，因为它们远离可能吓唬动物和分散孩子注意力的喧闹活动。

4.5.1　动物和鸟类融入户外游戏空间的想法

在幼儿园中照顾动物，可以为关于可持续性和可持续实践的教学和学习提供很好的焦点。这包括关于照顾动物的层出不穷的想法，但将在很大程度上取决于幼儿园空间的可用性，并确保对动物的空间供应不会损害其他游戏的多样性。一旦考虑到可用土地的面积和特定设施中的儿童需要，以下建议清单可能有助于规划。

- 乔木、灌木和藤蔓应始终占主导地位。

- 抬高的鸟浴盆和喂食台：放置在大约700毫米的高度和儿童可以轻松够到的位置，以便他们添加饲料。将它们安置在一个安静的秘密空间将是理想的。
- 小池塘（参见4.2.3）。
- 固定的笼子：尺寸和大小要适用于鸟类和其他动物，并且足够大，可供儿童进入，以便他们帮助照顾动物。
- 鸡舍：选择的标准取决于材料的可用性和当地的气候条件。
- 可移动的宠物设备：这可能包括便携式宠物孵化器、喂鸟器（悬挂在树上，使猫无法接近鸟）、放置在柱子顶部的花蜜喂食器（约700毫米高），以及一个爬行动物的水族箱或便携式鼠笼。

图4.9　孩子安静地观察鸭子的习性和动作

图4.10 在寒冷的日子里投喂羔羊，促进对动物的照顾、尊重和理解

图4.11 这些安静、温和和缓慢的动作会使笑翠鸟和其他鸟类待在花园里,孩子们就可以给它们喂种子或观察更长的时间

第 5 章

安静游戏区

本章提要：

5.1	为什么儿童需要安静游戏区	▶ 80
5.2	枢纽区域	▶ 81
5.3	安静集合区	▶ 86
5.4	沙坑	▶ 89
5.5	秘密地点	▶ 93

5.1 为什么儿童需要安静游戏区

有必要提供鼓励安静游戏的空间，因为当促进和鼓励儿童专注于尝试新的想法和游戏形式时，他们的深度注意力得以发展。认知技能（例如记忆、排序和表达）随着儿童越来越详细地回忆、模仿、玩耍、表演或探究他们所看到的东西而更加敏锐，并获得发展。这些思维过程是发展更精细的运动技能和强化重复性技能的催化剂。

安静的游戏空间应该能够让游戏变得多种多样。比如：采摘花朵、安静地做园艺、躺在树下发呆、与最好的朋友共度时间、建造沙堡和水道，连接管道和学习排水知识、创造不同形式的艺术作品、装扮、开即兴演唱会和建造小房子。安静游戏区需要提供一个框架，让儿童可以轻松地添加一些开放性材料，塑造和扩展各种各样的和不同深度的游戏（见第8章）。

为上述游戏提供一个安静的空间，就其大小和性质而言，鼓励儿童的社交和语言技能的发展。一个大的枢纽区域或较小的安静空间，能够满足大的或小的儿童群体的需求。沙坑是使用得最多的一个区域，特别是当它位于能够提供丰富的感官体验的区域中时。秘密的地方可以鼓励独处、安静思考和亲密的一对一接触。正如吉姆·格林曼（Jim Greenman）所说：

> 有什么地方可以独处、与可信赖的朋友在一起或留给暂时被忽视的人？适合儿童大小的安静空间——石窟、巢穴、休息处，以及僻静小路上的迷你野餐桌——都能随时提供休憩的地方（Jim Greenman，1988）。

这个区域应有助于儿童倾听、观察、理解，以及与其他儿童和教师交谈。安静游戏区能够帮助儿童持续地集中注意力，成为面向未来的、有创造力和社交能力的人。

从儿童游戏的角度来看，"安静区"一词比更常用的建筑术语"被动区"更贴切，因为儿童游戏在本质上不是被动的。安静游戏区往往是通过空间和形式的巧妙设计来创造的，能够激发儿童的想象力并让他们产生幻想。为了帮助儿童集中注意力，必须尽量减少可能出现的干扰。这些空间的大小、形状和规模——一个平静的半封闭空间，适合一两个孩子的舒适空间或为团体活动提供更大的空间——都会引发不同的活动类型，但并不限定活动的类型。安静游戏区的面积应该大约占整个游戏场地的四分之一到三分之一。

安静游戏区应该具有视觉吸引力。它们提供丰富的感官和空间变化，通过各种独特的区域提供自然进展和空间流动感。

最重要的是，设计安静游戏区的目的应该是创造一个灵活的空间、一个舞台或场景，让儿童或教师能够随时调整游戏的组成部分，以满足随着游戏推进而日益增加的复杂性，并且可以每天融入其中。

5.2 枢纽区域

枢纽区域是小组活动的焦点或中心。但由于空间的缺乏、对室内外游戏的错误使用或理解、对极端条件和气候的顾虑，它们往往是欠缺的。在闷热的天气中，它们是必须存在的，因为它们可以提供遮阴处，而且如果设计得当，那么空气的流动会让人感到凉爽。在凉爽的天气中，大的落叶树或藤蔓（例如紫藤萝）生长在凉亭的顶部，将营造出一个实用且具有视觉吸引力的空间。它们应该是家长和孩子到达幼儿园时的会面区域、开展集体活动的空间，以及让家长和孩子产生归属感的地方。枢纽区域应该足够大，以很好地容纳将使用它的人。

提供一个视觉上吸引人、让儿童及其家人在早上到达时感到舒适的会面区域,是让他们感到受欢迎的重要部分。枢纽区域可以提供一种接纳感和结识他人的机会(不仅对儿童如此,对他们的家人也是如此)。这个地方可以供大家在下午聚在一起,孩子和教师可以分享一天中发生的事情。

该区域需要有接纳的感觉,而不是令人生畏的感觉。对于团体来说,它应该足够大,坐在地上的儿童可以获得一种封闭感和隐私感,但站立时可以透过绿色植物看到游戏场地的其余部分。

这个区域应该可以用于多种活动的开展,例如分享生日蛋糕、喝早茶、开即兴音乐会或与朋友坐下来聊天。

这是一个可以有多种用途的空间。如果空间太紧凑,可以考虑延

图5.1 澳大利亚布里斯班C&K塔拉金迪战争纪念幼儿园:一个阴凉的、凹陷的坑创造了一个明确的游戏区,同时可以用作早晨的会面区域

长露台——尤其是在炎热的天气下,3米显得太窄了,需要将露台的宽度延伸到至少4~8米(如果空间允许),这将提供室内和室外区域之间的有效连接。狭长的空间不便于分组;枢纽区域需要像一个室外游戏室,并为室内和室外游戏提供有效连接。

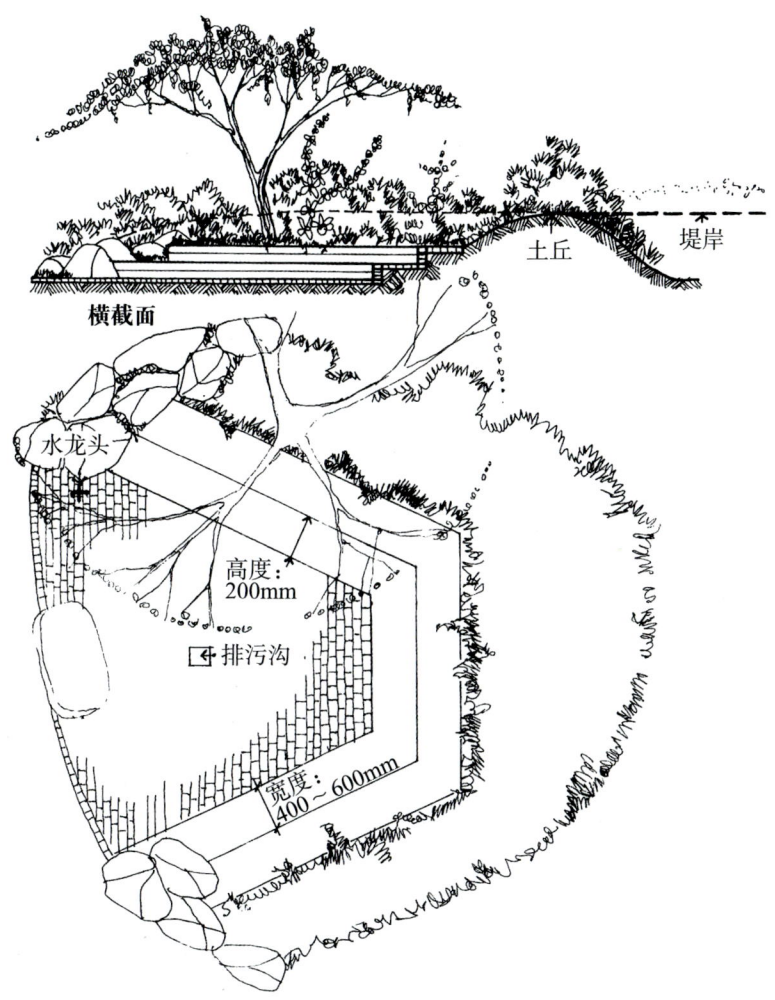

图5.2 一个枢纽区域的截面图,旨在满足各种各样的活动:团体活动、音乐会、故事会和废旧材料回收等。排水设施将防止积水,遮阴是在炎热天气下必备的功能

5.2.1 设计考虑

下面的建议围绕枢纽区域的设计。但要注意，需要对空间和场地进行仔细评估，以保证产生最实际、最有效的解决方案。

考虑以下内容。

- 选址：考虑将枢纽区域设置在建筑物附近，以支持室内游戏和室外游戏之间的连接。在空间有限的游戏场地中，这可以是宽阔的露台或阳台的一部分。枢纽区域应该远离干扰噪声（如交通噪声）。设置与兼容的游戏活动相邻的枢纽区域将支持游戏的自然进展和流动，例如毗邻一个大的自由形态的沙区，其表面连续贯通到枢纽区域。不管是位于高楼旁，还是游戏场地的另一部分，它都应该与主要的人流分开，以尽量减少对儿童游戏的干扰。在寒冷的天气中，提供太阳集中照射区和防风区是必不可少的；在炎热的天气中，提供遮阴的地方和设置供冷的地方是可取的。大多数枢纽区域需要满足夏季遮阴和冬季阳光照射的条件来确保全年的可使用性。

- 地形：例如，如果存在堤防区，应考虑建造一个小型的露天剧场，上面有好看的风景和遮阴树，这将创造一个具有丰富性的室外枢纽区域。

- 通道：明确划分主要通道。提供一条直接通向枢纽区域边缘的宽阔通道，以方便人员进入时，不会对幼儿正在进行的活动造成不必要的干扰。对于特定区域（如露台），通道将确保到达的方便性，没有中断连续的观景空间。通道允许婴儿车/儿童车、手推车和轮椅通过。

- 考虑在枢纽区域的边缘放置抬高的花坛或带有垂直板条（约650毫米高）的护栏，尤其是在可能坠落高度超过约200毫米的地方。

- **大小和规模**：这些取决于幼儿园的大小和同一时间使用空间的儿童人数。在理想情况下，应该有足够的空间让枢纽区域成为所有人的集结点。在一个需要容纳大量儿童的场地中，应考虑设置两个毗邻的区域。在中等规模的场地中，枢纽区域的面积应为20～30平方米（特别是在最多有75名儿童的机构中）。大约15平方米的无障碍空间刚好够20名儿童使用。按每个孩子使用1平方米来粗略估计，则需要更多的空间。但是枢纽区域的最终面积，需要考虑游戏场地的大小，而不是妥协于提供所需的各种游戏空间。

- **形状**：这将取决于空间，但必须考虑到要为一群孩子提供游戏、坐下来讲故事，或在水槽周围走动的空间。如此看来，圆形空间最吸引人，方形或矩形空间也是足够的。

- **空间的定义**：为儿童创造一种半封闭的感觉，同时确保他们能够看到相邻空间的一部分。为了实现这一目标，可以使用抬高的花坛、堤坝、巨石或挡土墙和植物，或者提供一个深度约为0.4米的圆形下沉游戏区域，儿童可以在其中有座位。

- **种植**：在儿童活动少、更容易感受到内心愉悦的区域，种类繁多的植物能够为他们创造微妙的感官体验。可以提供一棵大树或一个灌木丛，来帮助界定空间。在寒冷的天气中，落叶树允许冬季的阳光照射进来，并通过季节变化提供感官刺激。

- **遮阴处**：这需要根据气候特点仔细考虑。在偏冷的气候中使用落叶树，在温带气候中使用落叶藤本植物、乔木或凉棚，在热带气候中设置带有常绿藤本植物的遮阴处，使用圆杆上的遮阳帆（不是方形，以避免人员受伤），或带有通风口/风扇的更耐用的开放式固定屋顶。所有遮阴设施都应考虑对相邻区域的影响。需要在有关种植的计划中考虑遮阴处——这样使遮阴与种植相结合，特别是在炎热的气候中，有助于保证遮挡一年中不同角度的阳光。可以使用其他类似茅草屋的遮阴处，但是一旦发生旋风，它们可能会被摧毁。

- 凉亭和露台：带有斜屋顶或平屋顶的凉亭是一种受欢迎的游戏空间，尤其是在稍微升高的露台上，可进一步将其划分为一个单独的区域。可以种植季节性标志物，如葡萄藤、紫藤萝或适合热带气候的常绿且茂密的树木。
- 地面：由于该区域预计会被频繁使用，所以建议设置刚性地面。在选择表层材料时，确保它们可以轻松地清扫。不要有可能积水或造成绊倒危险的不平整表面，精心选择和铺设表层材料将增强和丰富儿童所获得的感官体验。要做到这一点，需要巧妙的设计（包括轻微的颜色变化），而不干扰空间中的视觉美。纹理和形式的细微变化将允许儿童光脚行走或舒适地坐在地面上。考虑在使用频率低的小空间中使用带图案的砖（螺旋形、正方形或其他形状）或压实土。当使用混凝土时，需要在其中融入镶边条、有图案的砖、树叶、原住民符号（例如袋鼠爪印）或马赛克玻璃。对于寒冷气候中持续潮湿的地面，可能需要考虑大面积地铺设木板，以确保极端气候不会抑制地面的多样化使用。
- 监管：在大约500毫米的高度使用植物和其他屏障，确保教师可以越过空间看一眼儿童而不必打扰他们游戏。

5.3　安静集合区

在许多方面，安静集合区较小，通常作为较小版本的枢纽区域出现。儿童会积极寻找安静的、确定的、不同大小的空间（从小的封闭空间到大的群体区域）。设计需要确保儿童在游戏时可以拥有一个视觉上有吸引力、诱人的空间。

集合区或小团体休闲区可以连接到阳台或其他有屋顶的室外空间。这些区域中的两个或两个以上的区域（例如小凉亭、竹子或柳树小屋）可以被纳入游戏场地的不同部分，以实现具有创造性的社交游戏。其目的是创造安静的"撤退点"，可以让两三个孩子在不受干扰的群体空间中一起游戏，远离主要的混乱人群和密集人群。这让他们有时间在没有太多干扰的情况下，安静地拓展自己的想法。

在这些区域中使用开放性材料将最大限度地利用空间。通常，在观察到一个孩子或一群孩子的需求后，教师会从储物柜中拿出几件激发不同游戏形式的物品。这些物品具有充分的开放性，能够充当催化剂，孩子们可以拿来即用，并将其融入自己的游戏计划。

5.3.1 设计注意事项

选址

在理想情况下，安静的区域应相邻布置，能够兼容游戏活动，并支持游戏的自然发展和流动。例如，从沙坑区延伸出来的铺装空间里可以设置一个水槽或者一个有阶梯的凉亭，上面有一个画架或可以讲故事的地方。

形状和尺寸

圆形空间的效果很好。选择一个直径至少为 2~4 米或最大为 6 米的空间，这取决于空间的可获得性和流动性，以及相邻设施的接近程度。可以用大树荫来界定空间。带有吊篮的凉亭可以提供一种围合感，或者屋顶上的藤蔓可以呈现出季节性变化。在带有弧形座位的遮阴区中，儿童可以邀请伙伴进行社交互动和讨论。

图5.3　土耳其伊斯坦布尔恩卡学校：凉亭位于繁忙的游戏区一侧，有抬高的地面（防止冬天较冷），用作开展游戏活动和团体游戏的区域

地面

在理想情况下，地面会使用不同的材料，如砖头、木头、混凝土，图案设计在外围或中心点。在一个有可用空间的大型游戏场地中，紧实的裸土和树荫下的休闲点可以成为非常诱人的游戏空间。相邻区域要有明确的连接边界，最好是一个连续的地面，使玩具或轮椅很容易在之间移动。

种植和遮阴

植物丰富应该是这些空间中最主要的特征，应种植各种各样的树木。在炎热气候下，可以安装遮阳帆或固定的屋顶遮蔽物。

可适配的使用

开放性材料的提供旨在极大地增加这些区域的潜力,使不同形式的游戏得以延伸和发展。旧窗帘或空心砖能够成为城堡,靠垫和坐垫能够成为阅读书籍或玩拼图的聚会区,架子可以用于绘画,粉笔可供孩子们在地面上创作,以前收集的光滑的鹅卵石可供孩子们搭建建筑物。

5.4 沙坑

沙坑具有激发和维持儿童兴趣和享受的巨大潜力,是幼儿游戏场地的重要组成部分,并容易激发多样的游戏活动。对于儿童来说,最初与沙子的游戏是对材料的简单探索。这是一种触觉体验,从功能性技能慢慢发展为更加复杂和专注的游戏,并且通过自由选择各种开放性材料而不断强化。

倾倒、挖掘、拍打等操作技能是通过玩沙子(特别是沙和水的混合)而获得的。低结构工具为双手提供了运动控制的机会,有助于双手承担清晰的、独立的角色,在促进手部技能的短期和长期发展方面起到重要作用。

一个呈现欢迎状态的、自由形态的、提供丰富感官体验的大沙坑可以成为游戏场地的中心。在任何时候,这种设计都可以容纳各种不断演变的游戏形式,以及不断变化的社会交往结构。

沙坑的位置应考虑到易于沙子的运输和补充,同时要考虑到水龙头(用于游戏和清理)的位置。

图5.4 澳大利亚布里斯班C＆K塔拉金迪战争纪念幼儿园：设置较宽的、自由流动的沙坑，旨在容纳不同的幼儿群体，他们可以在任何时候单独游戏或合作游戏。较宽和平整的边缘易于儿童进入，以帮助儿童发展倾倒等精细动作技能。旁边有大量的开放性材料，可供孩子们添加到他们的游戏中

5.4.1 设计注意事项

下沉的沙坑在偏暖的气候中非常有用，但需要排水设施。在偏冷的气候中，沙坑可能需要在木材平台上抬升高度，以尽量减少儿童与寒冷的地面接触。它们的设计和位置需要考虑沙坑的流出空间，无论是带有外圆角的铺砌表面，还是高于地面的大型木制板，都要与沙坑的顶部齐平。提供遮阴的设施可以是固定的，也可以是季节性的，与其他设施相邻，以支持游戏的流动，这些设计都增加了游戏的吸引力，推动了游戏的开展（另请参阅第9章）。

第5章 安静游戏区

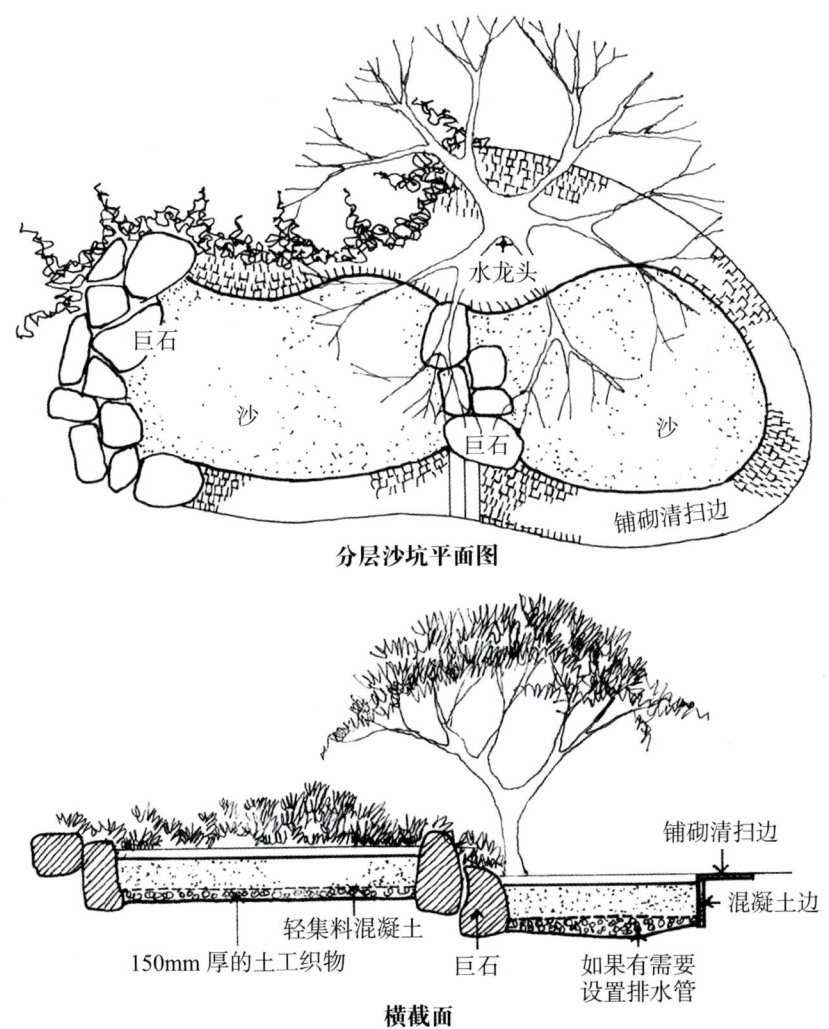

图5.5 一个沙坑建在一个有坡度的路堤区域,有一个大的、自由流动的沙坑与一个平坦的游戏表面。巨石被设置在毗邻的堤区,有各种各样的用途(如可坐、可攀登、可充当沙子建造的建筑物的基底)

考虑以下要点。

- 选址：大多数沙坑都建在地面以下。但是，在一些排水不畅的地区、屋顶游戏场地，或在较冷的气候中（沙坑在冬天可能会被冻住），可能需要使用高于地面的承载物（避免使用高边承载物，因为它们可能会使儿童绊倒，导致沙子溢出，并限制游戏的可能性）。

- 形状：自由的形状提供了适合于一般的小组游戏或单人游戏的空间，可以通过在沙坑内放置巨石或低矮的凳子来创建额外的游戏空间。

- 沙坑基底和排水：排水需要1%的坡度。需要提供一个深度为750～800毫米的坑。先在最下面铺一层150毫米厚的砾石或碎石，接着铺一层50毫米厚的土工织物，最后铺至少600毫米厚的沙子。在连接雨水排水系统或排水口之前，可以将农用排水管放置在坑底的砾石或碎石中，这将大有帮助。被抬高的沙坑在保证排水口的同时，可用土工织物代替砾石和碎石。

- 沙子：选择颗粒混合均匀的沙子，粒径从细到粗不等，但不超过1.5毫米，可以是未经染色的白色水洗河沙或不含杂质的水洗沙。检查这一点的简单方法是用一块白布擦湿沙。避免沙子中有碎石，因为它们容易对幼儿的眼睛和皮肤造成伤害。

- 边缘：使用坚实的边缘，防止沙子与土壤混合；最好使用有圆角的砖，以尽量减少锋利的边缘，并有平坦的表面。确保边缘与铺好的沙坑周围齐平，以方便将沙子扫回坑内，并促进游戏的自然流动。在抬高的沙坑中，可以使用圆木为边缘，并确保这些圆木与周围的木板易于冲洗。

- 遮阴：种树是一种有吸引力的自然解决方案，落叶树可满足夏季遮阴和冬季阳光照射。但它们在有落叶时需要日常维护。可移动遮阳罩效果也很好。高密度遮阳布是理想的选择，因为它可以遮阳、轻便且便于积水流出，因此雨后遮阳布上不会有积水。另外，可使用高不超过2米的固定遮蔽物，在中午至下午提供遮阴的同时，允许清晨和傍晚的阳光晒干沙坑。避免使用板条木屋顶，因为它们会形成明显的复杂的影子，分散儿童游戏时的注意力。

- 使用圆柱形的柱子——没有锐角，因为它们可以防止头部碰撞危险。
- 遮盖：没有简单或万无一失的遮盖沙坑的方法，以保护它们免受动物污染或破坏。由橡胶轮胎压住的遮阳罩，允许空气自由流通，并且每天都可以轻松拆卸和更换。该解决方案已被证明是最实用的遮盖沙子的方法之一，因为它易于实施且成本低。不建议在沙坑的所有侧面都使用金属丝，因为它会产生类似笼子的效果。

5.5 秘密地点

秘密地点是儿童独立寻找与发现的角落和缝隙、躲避的空间和意想不到的隐退处。这些空间满足了儿童想要离开一会儿、独处或与朋友一起不受干扰地共度时光的愿望，在那里他们可以集思广益、扮演不同的角色，并用鹅卵石等简单的材料创造物品。这些空间允许孩子们远离喧嚣，坐下来观察、沉思、躲藏和做梦，甚至冷静一下，然后再回到混乱中。

这些空间充当了孩子们的想象力的催化剂，由此产生了丰富多彩的幻想和具有戏剧性的表演。通常这些区域是在树枝、泥土创造的自然环境中发展起来的，让儿童有机会直接观察大自然。他们可以坐下

图5.6 建在树上的小木屋,在潮湿的日子里加了一块布。这里还可以增加座位,以提供一个安静的躲避空间

来研究蚂蚁和蝴蝶，触摸树叶和树皮，以及享受潮湿的泥土所带来的气味。

当精心设置这些空间时，可以为儿童提供丰富的感官刺激，通过他们离开或与朋友共享时间，来扩展他们的空间意识、互动和自尊心的获得。正是该区域的宁静，使一个难以融入的孩子有机会获得休息时间，得到反思和观察。

秘密地点可以在游戏场地内的任何地方出现，孩子们在那里找到了一个未充分利用的角落或裂隙。它可以是在灌木丛下的一个空间的自发使用、一个围栏的小间隙让他们能够往外面看，以及炎热的一天中的工作台下的一个凉爽空间。在开放性材料的支持和教师的帮助下，当需要时，这些空间可能是游戏场地上使用得最频繁的创意空间。

5.5.1 设计注意事项

考虑以下内容。

- 选址：秘密地点的开发通常会随着时间的推移而发生，通过教师根据儿童喜好对游戏场地的观察，或界定未充分利用的空间——通过一些小修剪、一些地面上的鹅卵石、额外的种植或马赛克图画（具有永久性或可变性）——可以进一步提升空间给儿童带来的享受感。
- 大小：秘密地点的关键的设计特征是可变性。它们的大小可以是3～10平方米，也可以是0.5～1平方米。一些区域可以通过铺砌而成，一些区域可以使用天然材料，还有一些区域将位于巨石或原木上。
- 开放性材料：在现实中，通过观察儿童对游戏场地的使用，很快就会发现他们在使用开放性材料。收集小圆石以形成自己的小组空间，或战略性地放置纸板箱是儿童会使用的两种方式。

如果他们有机会接触开放性材料,那么就可以在允许的地方建立许多秘密地点。

- 植被:一种受欢迎的方法是使用种植来创造秘密地点,比如丛生的竹子中的隐蔽小洞,或者垂柳下的空间等。

图 5.7 可以从土堆、细长的树木和低矮的地被植物中发现隐藏的角落,还可以根据需要添加水槽

第 6 章

开阔游戏区

本章提要：

6.1 为什么儿童需要开阔游戏区 ▶ 98

6.2 开阔游戏区的要素 ▶ 98

6.3 空地 ▶ 99

6.4 土丘 ▶ 101

6.5 路堤 ▶ 103

6.6 入口和通道 ▶ 107

6.7 带轮玩具通道 ▶ 111

6.1 为什么儿童需要开阔游戏区

身体游戏的性质与儿童的运动控制水平直接相关。开阔游戏区的提供有助于儿童发展步行、跑步、攀爬和跳跃等运动技能。在开阔游戏区，儿童可以体验到进行各种大肌肉运动（如跑、翻、滚、跳绳、单腿跳和双腿跳）的纯粹乐趣，并促进其精细运动技能的发展。开阔游戏区与开放性材料和适宜的设施相结合，可以使儿童在独立活动或不同的团体活动中都取得显著的进步。

这也是一个玩假装游戏和开放式游戏的地方，儿童可以在这里使用开放性材料，临时改造一个环境，并在这个过程中保持他们对开阔游戏区的兴趣和享受身处其中。

要为充满活力地嬉戏的儿童提供休息的地方，在周围设置休憩所和非正式座位，可以在落叶树或常绿树下，甚至使用延伸的遮蔽结构。应考虑是否需要提供饮用水源（参见第8章）。

6.2 开阔游戏区的要素

需要考虑的主要内容如下。

- 开放区域：位于游戏场地中央的大矩形、正方形或圆形的平坦开放式跑步空间，可以成为连接游戏场地其他部分的焦点。在紧凑的游戏场地上，从一端延伸到另一端的低矮、狭窄的草地通常被用作不同部分之间的连接。而那些较为狭小的空间很容易限制儿童奔跑的速度，使他们的自由选择受到限制。
- 土丘：土丘提供了具有挑战性的地面，儿童在上下奔跑中可以看到远处的景色。

- 阶梯：地面高度的变化有助于儿童扩展游戏的形式。在一个坡度平缓的空间中建造连接不同区域的低矮阶梯（不超过500毫米），能够对游戏场地进行微妙的细分，提供可以进行跳跃、感受平衡的区域，或者提供一个从安静游戏区到开放式跑步空间的观赏点。坡度较陡和有大型开放空间的场地是理想的游戏场地，因为这能够为儿童提供一定的挑战性，但没有垂直跌落的风险。
- 高度变化：3～5米的变化可以划分出错层的场地空间，如果空间允许，将有效地为年龄较大的儿童服务。确保场地设计中排除了任何垂直跌落（超过500毫米）的风险。
- 路堤：它们可以有合理的解决方案，其中较大的游戏场地或较小的游戏场地一侧允许存在陡峭的高度变化。确保有多种方式让孩子们上下移动，例如，提供橡胶轮胎台阶、攀爬墙、光滑的圆形巨石或滑梯。对可以设置路堤的地方要有创意。在实践中，3米高的、结构完整的、带有排水系统的、毫无生趣的挡土墙的造价超过一个具有安全性、游戏性和愉悦性功能的阶梯式路堤。设置一个高度为2.5～3米、坡度不超过30°或更低的、有不同出入口的堤防墙具有显著的安全效益，能够降低儿童垂直跌落的主要风险，同时能够为他们提供一定的挑战性。

6.3 空地

如果选址和比例合理，那么开阔游戏区能够为游戏场地的所有部分提供至关重要的枢纽和连接空间。它不仅可以支持跑步或追逐游戏，通过可移动设施和开放性材料的使用，还可能会出现各种提高儿童敏捷性的游戏。这个空间是与快速移动相关的开放式游戏的核心。

无论是观察，还是行走，开阔空间显然都是有助于监管的。教师可以观察孩子们的游戏情况，在必要时迅速进行支持、引导或干预。

6.3.1 设计注意事项

考虑以下内容。

- 场地：位于中心位置的平坦开阔区域（作为核心枢纽），允许儿童和教师观察并移动到游戏场地内更安静的空间。枢纽区域将是活动的中心点，设有通往边缘和更广阔的游戏区的通道。然而，这种设计通常会受到游戏空间的形状和形式的限制，并且可能需要创造性地使用游戏场地内的不同层次的区域。

- 尺寸和形状：虽然在理想情况下应该有一个大面积的平坦地面，以便设置简单、运行速度快和可移动的设备。根据现场的特点，应使用总场地面积的四分之一至三分之一。空地的形状最好是矩形，并且长度至少应为15米，以便为儿童提供足够的空间，来提高他们的运动速度和动力。如果游戏场地的大小和形式不允许这样做，那么规划和设计可以基于儿童的需要有多种选择。狭长的空间允许儿童提高运动速度，并且可以充当游戏场地中的一条小路，而有一定坡度的地方将提供一个儿童可以上下奔跑的区域。

- 地面：应当积极寻找阳光充足的位置，以确保草坪良好生长，并且这些位置应是许多儿童非常喜欢的，他们可以奔跑、跌倒、翻滚，并且享受草所带来的感觉和气味。遮阴树下的裸土与沙子混合也适用于其他区域，所有的自然地面都需要保留和维护，其中许多任务（如检查雨后是否有积水）可以由孩子完成。在制定预算时，应为草坪的修补、通风、施肥和追肥留出资金。在狭窄的游戏场地上，尤其是在踩踏频繁而其他植物无法生存

- 阶梯：地面高度的变化有助于儿童扩展游戏的形式。在一个坡度平缓的空间中建造连接不同区域的低矮阶梯（不超过500毫米），能够对游戏场地进行微妙的细分，提供可以进行跳跃、感受平衡的区域，或者提供一个从安静游戏区到开放式跑步空间的观赏点。坡度较陡和有大型开放空间的场地是理想的游戏场地，因为这能够为儿童提供一定的挑战性，但没有垂直跌落的风险。
- 高度变化：3～5米的变化可以划分出错层的场地空间，如果空间允许，将有效地为年龄较大的儿童服务。确保场地设计中排除了任何垂直跌落（超过500毫米）的风险。
- 路堤：它们可以有合理的解决方案，其中较大的游戏场地或较小的游戏场地一侧允许存在陡峭的高度变化。确保有多种方式让孩子们上下移动，例如，提供橡胶轮胎台阶、攀爬墙、光滑的圆形巨石或滑梯。对可以设置路堤的地方要有创意。在实践中，3米高的、结构完整的、带有排水系统的、毫无生趣的挡土墙的造价超过一个具有安全性、游戏性和愉悦性功能的阶梯式路堤。设置一个高度为2.5～3米、坡度不超过30°或更低的、有不同出入口的堤防墙具有显著的安全效益，能够降低儿童垂直跌落的主要风险，同时能够为他们提供一定的挑战性。

6.3 空地

如果选址和比例合理，那么开阔游戏区能够为游戏场地的所有部分提供至关重要的枢纽和连接空间。它不仅可以支持跑步或追逐游戏，通过可移动设施和开放性材料的使用，还可能会出现各种提高儿童敏捷性的游戏。这个空间是与快速移动相关的开放式游戏的核心。

无论是观察,还是行走,开阔空间显然都是有助于监管的。教师可以观察孩子们的游戏情况,在必要时迅速进行支持、引导或干预。

6.3.1 设计注意事项

考虑以下内容。

- 场地:位于中心位置的平坦开阔区域(作为核心枢纽),允许儿童和教师观察并移动到游戏场地内更安静的空间。枢纽区域将是活动的中心点,设有通往边缘和更广阔的游戏区的通道。然而,这种设计通常会受到游戏空间的形状和形式的限制,并且可能需要创造性地使用游戏场地内的不同层次的区域。

- 尺寸和形状:虽然在理想情况下应该有一个大面积的平坦地面,以便设置简单、运行速度快和可移动的设备。根据现场的特点,应使用总场地面积的四分之一至三分之一。空地的形状最好是矩形,并且长度至少应为15米,以便为儿童提供足够的空间,来提高他们的运动速度和动力。如果游戏场地的大小和形式不允许这样做,那么规划和设计可以基于儿童的需要有多种选择。狭长的空间允许儿童提高运动速度,并且可以充当游戏场地中的一条小路,而有一定坡度的地方将提供一个儿童可以上下奔跑的区域。

- 地面:应当积极寻找阳光充足的位置,以确保草坪良好生长,并且这些位置应是许多儿童非常喜欢的,他们可以奔跑、跌倒、翻滚,并且享受草所带来的感觉和气味。遮阴树下的裸土与沙子混合也适用于其他区域,所有的自然地面都需要保留和维护,其中许多任务(如检查雨后是否有积水)可以由孩子完成。在制定预算时,应为草坪的修补、通风、施肥和追肥留出资金。在狭窄的游戏场地上,尤其是在踩踏频繁而其他植物无法生存的情况下，人造草通常是维护地面的唯一解决方案。

6.4 土丘

土丘为游戏场地提供了高度上的变化，缓坡和陡堤均是具有创造性的自然元素。经过精心的设置，即使在一些空间较为紧凑的游戏场地上，它们也能明显地拓展空间的延伸感和传递游戏中的愉悦感。

长而低的土丘或不同高度的土丘群，通常是一种有益且大量使用的具有灵活性的结构。在评估是否需要建造土丘时，应考虑场地的大小和现有特征。只有在没有天然缓坡和陡堤的情况下，在小而紧凑的游戏场地中才会考虑建造土丘，因为它们可能占用一定的空间，从而限制了满足不同游戏所需要的多样性。

图6.1 一个有低土丘的开放式跑步空间将有助于儿童发展大肌肉运动技能。土丘在富有想象力的游戏中创造了一个瞭望点、一个木板和跳板的连接点，以及提供了孩子们在土丘上奔跑的额外挑战

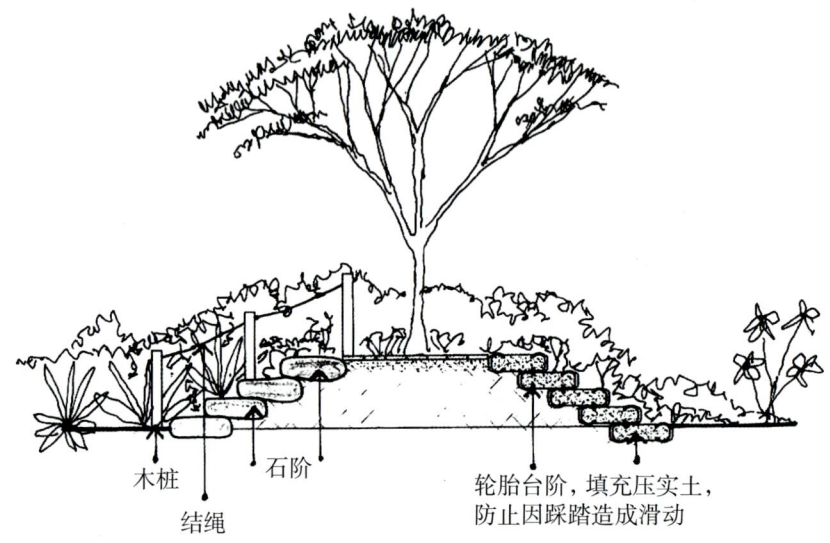

图6.2 阶梯式花园土丘创造了一个瞭望点、一个攀爬面和一个享受周围植物所带来的丰富感官体验的地方，从而代替了一个平坦而无聊的游戏区

6.4.1 设计注意事项

考虑以下内容。

- 大小：土丘的高度应根据可用空间的大小，以及儿童使用者的年龄和体型而变化。如果设置过高的土丘，那么容易让这些土丘在场地上占据主导地位，常常会造成场地上的失衡。然而，如果土丘的高度能达到1.5米左右，那么这些土丘将得到很好的利用，特别是大龄儿童可以进行各种活动，同时教师能够对土丘另一边的儿童进行部分监管。如果空间有限，可以专门为儿童设计一个较小的供游戏的土丘。高度约1.3米的小土丘群也可以为儿童提供一个用于跑步和跨越的区域，还可以放置木板或障碍物供儿童进行跨越类活动，让他们可以成群结队地以不同的角度和速度穿梭于其他同伴中。

- 坡度：土丘可以有30°的坡度。它们需要精心建造和不断维护，以最大限度地减少由不断磨损所引起的问题。需要一个不易暴露砾石或其他粗糙材料的坚实地基，并覆盖一层120～150毫米厚的表层土壤。除非草已经完全覆盖且生长良好、紧实，否则不应启用该土丘。
- 地面：建议使用耐踩的草或橡胶垫，草的生长有助于土壤保持紧实，并防止侵蚀，同时为儿童的游戏提供较为柔软的地面。长满草的缓坡有助于保持土壤，易于修剪且便于维护。

基本的土丘变化包括以下内容。

- 土丘群：可以有不同的高度，来创造挑战和引发不同的兴趣。土丘群需要在中间有一个稍微凸起的区域，以防止积水。
- 台阶：由一部分埋在地下的橡胶轮胎或平整的原木制成，可以为游戏增加一个切入点。
- 观景点：可以通过在土丘的顶部（0.5～1平方米）铺路来设置。

6.5 路堤

并非所有的幼儿园都有可供游戏的路堤，但有一些坡度较陡的场地是更好的。可能需要一些土方工程，以使路堤的坡度均匀（避免垂直降落）。具有挑战性的是，在设计的过程中要考虑儿童的进入和退出，使他们可以根据不同的能力水平来调整游戏的难度。

6.5.1 设计注意事项

考虑以下内容。

- 尺寸：如果将地形整合在一起，既确保挑战性，又能为儿童提

图6.3 土耳其伊斯坦布尔恩卡学校：创造有多种高度和挑战的路堤，均没有垂直坠落的风险，以供儿童使用

供休息的地方，那么路堤可能高达3～4米。它们越高，孩子们就越享受在上面玩耍。只有1.5～2米高的路堤仍可使用，但随着时间的推移，它们可能无法持续性地吸引4—5岁儿童。

- 植被：这在遮阴、躲藏、审美等方面都很重要，而且所种植的植物可以进一步帮助稳固路堤。可以考虑在狭窄的阶梯式花园中种植低矮的植物，或有铺展的树冠的遮阴树木（确保儿童不能因为他们的身高和位置而攀爬或摇摆树枝）。非常陡峭的堤段可能需要大量的种植和围栏，并且教师需要对儿童进行风险管理教育。
- 地面：为了防止侵蚀，供儿童游戏的路堤应该铺有表层材料——但允许儿童有积极的游戏选择，而不是仅仅为了维护地面。游戏辅助设施是长期固定的（不可移动），可能包括：
○ 带扶手的台阶。
○ 橡胶轮胎台阶。
○ 一个大的长滑梯，有平坦的顶部，侧面较高，底部有一个近地面的缓冲带。
○ 有打结的绳子的圆木斜坡，儿童可以在上面攀爬。
○ 被固定在地面上的木桩，上面的绳子固定在路堤上，这样孩子们就可以抓着绳子在高处攀爬。两个相邻的设施通常可以引发朋友之间分享任务的行为[1]，或者迈开腿，抓住顶部的绳子往上走。
○ 在现有的植被中用巨石设置陡峭的阶梯，并配有绳索扶手，可以帮助不太灵活的儿童。在实际中，我们会发现绳索最终起到保护植被的作用，因为孩子们会爬上路堤，然后在这个区域内开辟自己的道路。
○ 在空间允许的情况下，在顶部铺设平坦的观景区，并设有座位，以便孩子们可以坐下来，进行观察和相互交流。
○ 攀爬网（网眼小于90毫米）。

所有的辅助设施都需要安装到路堤所在的地面——用螺栓固定在混凝土里，并根据工程建议确保它们在结构上是合理的。重要的是不能出现凸出的螺栓，因为它们会对儿童造成伤害。表层材料需要与路堤的高度齐平，即使是非常小的儿童也能安全使用游戏辅助设施。

底层应与地面齐平或升高不超过150~200毫米，这样随着孩子们的动作变慢，他们可以轻松地把脚踩到地面上。

---

[1] 如两个孩子一起爬行。——译者注

在路堤的陡峭处和高处，工程师通过精心设计和验收，可以产生一些非常有益的结果。例如，在两个水平面上滑动，中间的空间大到足以承载三四个孩子，他们可以从一侧滑到另一侧的起点，然后在另一侧重新开始，以便他们能够减慢速度并站起来，然后转移到另一侧（如图6.4）。栏杆的高度应不少于750毫米，可设置间距不超过90毫米的垂直板条，来作为平台的安全预防措施[1]。梯子可以代替二级滑梯。

图6.4 澳大利亚布里斯班图古拉瓦幼儿园：在一个狭窄、陡峭的场地上进行再开发。路堤为儿童提供了各种使用的可能性，包括橡胶轮胎台阶、攀爬墙和通向小屋的斜坡，下面还有一间下沉的小木屋

---

[1] 我国标准请参见中华人民共和国住房和城乡建设部颁发的《托儿所、幼儿园建筑设计规范》（2019年版）：幼儿园室外临空处栏杆高度不应小于1.3m，栏杆间距不应大于0.09m。——译者注

如果对安装某些游戏辅助设施有疑问，请咨询工程师。确保定期检查可能随着时间推移而变质的物品（例如绳索扶手、攀爬网、圆木镶件）。

必须记住，树木应该被纳入其中，因为它们提供了必要的夏季遮阴和视觉分割的空间，并提供了一个吸引人的区域。落叶树可以激发孩子们对季节变化的兴趣。路堤永远不应仅被视为一个短暂玩耍的区域。

6.6　入口和通道

通道可以开辟空间，在整个游戏场地上设置入口和出口，并在这个过程中提供多种多样的游戏机会。正如吉姆·格林曼（Jim Greenman，2005，1988）所说："通道是经常使用的路线，不一定是计划好的。外面

图6.5　澳大利亚布里斯班图古拉瓦幼儿园：游戏场地的上半部分提供了一条通道和一个观景区，通道通往下方的沙坑；通道还通向水道和挖掘区，最左侧的角落里设有秋千

的走道是正式路径；草地上的土路是非正式路径，但同样是真实的。"

在最实用的层面上，通道应有助于家长和孩子进入中心，有助于教师查看、观察和在儿童需要的时候提供帮助。开阔游戏区需要一系列通道，这些通道既可以为儿童提供游戏的机会，也可以成为其他游戏区域的一部分，让儿童在建筑物和游戏场地间穿梭。与此同时，在通道的视觉设计上，应可以让儿童在不分散注意力的情况下轻松地移动到下一个游戏点。

通道系统的有效设计为场地提供了从一侧到另一侧的线路——以不中断现有游戏的方式，为儿童和开放性材料的移动提供必不可少的服务。清晰的通道设计能让教师在监管过程中快速通行。

中央开放空间的外围也需要设计一定的通道——既可以供儿童直

图6.6 澳大利亚布里斯班图古拉瓦幼儿园：有橡胶轮胎台阶、攀爬墙、滑梯、供不那么灵活的儿童使用的绳索和巨石台阶

接游戏，也可以与其他区域的现有路径相连。通常这些通道会与地面齐平，但某些部分可能需要升高。例如，当连接两个高度的平面时，可能需要坡道，甚至需要在排水沟或水道上架桥，这样的设计变化取决于需要设置通道的地点。

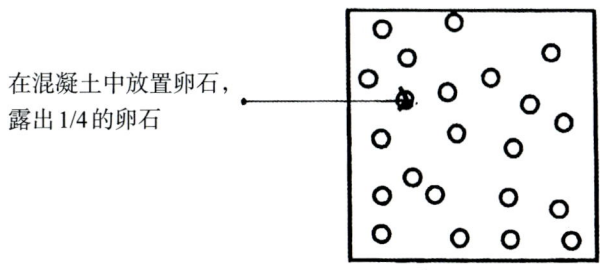

在混凝土中放置卵石，露出1/4的卵石

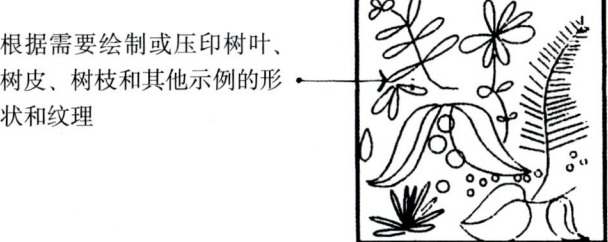

根据需要绘制或压印树叶、树皮、树枝和其他示例的形状和纹理

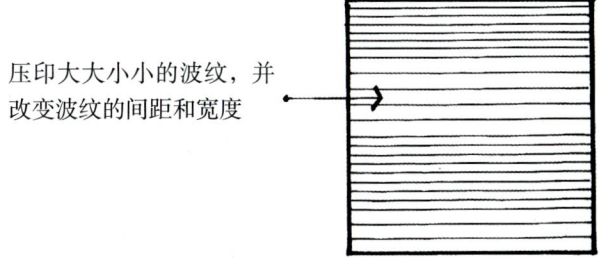

压印大大小小的波纹，并改变波纹的间距和宽度

图6.7 用于主要通道的材料示例。它们可以在通往幼儿园的入口或主要的场地通道连接处使用，特别适合于使用率高的通道

6.6.1 设计注意事项

规划时要记住的事情：

- 设计室内和室外区域间的主要通道。
- 设计的通道应连接到开阔游戏区、安静游戏区和运动游戏区的边缘。
- 将具有兼容性的游戏活动设置在一起，这些游戏区域之间需要设置连接通道。例如：一条通往鸡舍的通道，同时连接到露台和沙坑；一条穿过树丛的有坡度的通道，并设置了较陡的台阶；一条连接到滑梯（沿着路堤建造）的通道，然后与另一条通道相连接。最终的结果是多样的，不同的形式和空间意味着不同的用途，而不是塑造具有主导性的空间。最重要的是，一系列通道必须存在于巧妙的、融合的、以自然为主的环境中。
- 在理想情况下，这个区域的地面应该总是变化的，这取决于可用空间的多少。主要的通道要有足够的宽度，并且具有视觉吸引力，使得室内和室外空间之间有一个令人感到受欢迎的通道。
- 在热带气候下，可设计一条浅水道，使暴雨期间的地表水快速排出。
- 地面的变化表明了区域的不同潜在用途，例如，通过一条通向圆形阴影区域的、有图案的砖铺砌的小路，一条带有叶子印记的、嵌着卵石或大理石的、能够提供感官体验的小路，儿童可以捕捉光线。
- 这个区域包括台阶，可以在台阶上设计不同的标记（特别是如果有视力障碍的儿童要使用这个空间）。
- 地面的类型和高度可以有不同的设计，使得在整个区域内儿童既可以推带轮玩具，也能在推动玩具时感受和体验到地面变化。

- 通过在光滑的混凝土地面进行刻痕处理，增大摩擦力、降低儿童的运动速度。

6.7　带轮玩具通道

通道系统还应该方便带轮玩具的使用，这些带轮玩具包括：
- 带轮的三轮玩具；
- 带两个轮子的轮式玩具；
- 带有挂钩、小座椅或后座的三轮车；
- 滑板车——符合儿童技能水平的变化（从四轮滑板车开始，然后发展到三轮滑板车、两轮滑板车）；
- 婴儿车；
- 有两个轮子的手推车；
- 四轮手推车。

骑自行车和三轮车是儿童的首选游戏方式。尽管骑自行车提供了纯粹的乐趣，在促进儿童的身体生长方面具有绝佳优势，但不建议骑自行车占主导地位，因为它们会抑制更广泛的游戏形式和随之而来的发展机会。在一天中的任何时候，在游戏场地中主要使用自行车应被视为有限的游戏规划和户外活动的例子——遗憾的是，这表明了对儿童需求的有限认识。

过多路径的设置限制了游戏的形式和水平，这使得儿童很容易产生厌倦情绪，唯一的刺激往往变成了连接处的碰撞。自由流动的主要通道通过改变表层材料来与更小的区域（当空间允许时）相连，可以创造特殊的气氛，特别是通过纹理和形式的变化引导儿童在这些空间中使用工具。通往特定空间的路径可以创造出隐藏空间的氛围和神秘感。这并不意味着不应该设置一些激发儿童开展潜在游戏的设施，但必须考虑可用空间、场地设计和允许的使用水平。

6.7.1 设计注意事项

考虑以下内容。

- 位置：当主要通道位于中心区域的外围时，它通常可以有效地工作。但如果设置在道路末端或分支处，可能需要有一定的转弯区，例如，一条围绕着一丛灌木或树底部的圆石花圃的狭窄小路。还要考虑转弯区有足够的空间，孩子们可以调转自行车，并返回另一个区域。如果转弯区的活动对当时发生在该区域的其他游戏活动有过于明显的干扰，可以设置临时标志（如便携式停车标志、减速标志等）。不要将这些标志永久放置，因为它提供了一个封闭的游戏选项，但可以利用这些来为儿童教授道路规范。

- 地面：设置不同的地面。通常主要的通道是混凝土铺设的光滑表面，方便儿童使用带轮的玩具车和手推车，同时充当所有人员和车辆的进入通道。即使在这里，也可以构建出变化，例如，沿通道边缘设置的一排路缘石可以激发不同形式的平衡活动。其他变化可能是使用压印波纹铁的平缓减速带，一段涂成白色的稍微凸起的木材（有助于儿童学习如何操控带轮玩具），一个能够提供感官体验（带有纹理的叶子、动物或鸟类的脚印、贝壳、儿童的脚印、具有文化意义的物品）的通道（能够吸引分支通道上速度较慢的儿童的兴趣），并使用不同图案的铺路砖、压实土，甚至不同的颜色来表示进入特定的活动区域。

第 7 章

运动游戏区

本章提要：

7.1 对运动游戏的需要 ▶ 114

7.2 固定设施的选择 ▶ 116

7.3 受欢迎的固定设施示例 ▶ 119

7.1 对运动游戏的需要

对2—5岁的孩子来说，锻炼是自然而然的事情，他们喜欢具有独立性的活动和选择范围广的活动。有时，他们的能量似乎是无限的。从2—5岁（甚至到更大的年龄），他们从爬行发展到扶着栏杆走，再发展到侧步走，获得了越来越高的技能水平。这是一个完善跑步、行走、跳跃、推拉和翻滚等大肌肉技能的阶段。与此同时，儿童对掌握更复杂技能的渴望很快就会增加，这些技能包括投掷、悬挂、平衡、蹦跳、单脚跳、垂直攀爬、下降、旋转，它们都是在控制腿部、背部和上躯干的基础上获得发展的。

这是一个令人兴奋的过渡时期——从大肌肉运动技能的掌握到脚和手的小肌肉群的调整。这延伸到在一系列活动后快速改变动作和方向的能力，以及对流畅性和动作的掌握。

这些技能的获得影响了儿童在其他领域的发展，并对儿童与环境的互动产生了强大的影响。当一个孩子思考下一组忙碌的动作时，认知技能就会出现：为什么秋千会摆动？它们如何最好地悬挂着？它们能摆动得多快？M. 特兰西克和加里·W. 埃文斯（M. Trancik & Gary W. Evans，1995）观察到了这一方面的发展：

> 设计良好的物理环境鼓励并促进个人能力的发展，使儿童能够发挥出目前的能力水平，同时推动他们练习更多的技能。

大部分发生在运动区的游戏会表现为剧烈的活动，在喘息、改变方向或只是看其他活跃的孩子时，儿童会突然减速，然后再次投入忙碌的活动。其他的游戏是非常富有想象力的，孩子们表现自己的想法

第7章 运动游戏区

图7.1 澳大利亚布里斯班图古拉瓦幼儿园：在紧凑的区域内最大限度地提供空间，上面有一个通过斜坡进入的小空间，下面有一个凹陷的隐蔽处

和恐惧，或者在戏剧表演中假装和扮演不同的角色。一些表演的台词可能很简短，而在其他的活动中（如在戏剧表演中），随着儿童年龄的增长，往往存在长时间的高度集中注意力和持续的活动。

这种游戏的社交形态也会有所不同——从独自通过反复的动作来完善一项身体技能，到5岁时成对或者与一组儿童进行越来越高水平的合作。运动区还为控制攻击性行为提供了一个渠道，儿童可以在适当的环境中进行打闹游戏；在多种机会中频繁使用身体技能（包括翻滚）。这些活动还可以让儿童学习何时停下并考虑其他同伴的感受，以及他们是否过于粗暴。在这个过程中，他们学习轮流、分享，不让其他人处于危险之中。

新的认知发展水平将出现，表征思维（不立即采取行动就思考事物及其属性的能力）和复杂思维也将出现，这是一个并不总是按逻辑顺序排列的思想链。这对提高儿童的游戏水平有很大的影响：如果一名儿童要掌握这些技能，并保持他的兴趣和动机，那么在游戏场地上练习这些技能是至关重要的。

运动区的特质使其可能成为游戏场地中的高风险区域。需要做好安全与风险之间的平衡，提供一个具有挑战性的刺激空间，接纳并促进儿童掌握技能，但要允许空间有可修改和做微妙改变的余地，以确保儿童在进行技能性活动时不会感到无聊，并且鼓励教师进行支持性教学，以提高对这些区域的使用率。

7.2 固定设施的选择

通过精心选择有限数量的固定设施，可以促进运动区中的游戏，这有助于最大限度地增加儿童的游戏选择。

幼儿园游戏场地往往被善意但不知情的购买占据主导地位，无法

满足儿童在监督环境中持续游戏的需求。这些设施在游戏场地上荒废,被误解为"纪念碑",原因如下:

- 购买设备时,通常不考虑大小和可用空间。这通常意味着不能提供更多样化的游戏设施。
- 选址没有被仔细考虑。在狭小的空间内,监管和进入可能被限制,添加可移动设施的可能性也被限制,因此结构的全部潜力无法实现。当标准化结构不允许周围有足够的空间时,儿童可能会处于不必要的风险之中。与其他固定设施太近,会使可移动设施或带有可移动部件的设施(例如索道和秋千)的空间不足。根据场地特定的和经过仔细考虑后量身定制的简单的适应性结构往往是唯一的解决方案(参见第8章)。

图7.2 土耳其伊斯坦布尔恩卡学校:在一系列相互关联的活动的休息平台间设置一些固定物品,如单杠(有些有钩子)、有可能改变配件的设施(如环网和悬挂杆)

- 与公园不同，幼儿园游戏场地的游戏价值和适用性尚未得到充分评估。通常，新设施提供了与公共游戏场地中已有设施相同的游戏选择，并提供了一个封闭的游戏选项，这意味着它不能与可移动元素相连接。

要帮助确定哪种固定设施可能适合于特定的设置，请考虑以下几点。

- 这些设施是否有助于儿童发展更好的协调能力，使儿童能够获得攀爬、摆动、悬挂、旋转、跳跃、平衡和爬行的大肌肉运动技能？
- 这些设施是否能给儿童一种真正的运动感，这样他们就能感受到从滑梯上滑下来、乘坐索道或在秋千上升到空中的兴奋感？
- 这些设施是否提高了儿童的空间意识，使他们能够区分进出、上下、左右的选项，或者欣赏半封闭空间的三维效果？
- 这些设施是否会促进儿童在游戏时的前庭和本体感受器功能，使他们获得关于运动方向和速度的信息，在这个过程中帮助他们发展肌肉张力和平衡，帮助他们从笨拙发展到协调？
- 儿童能将这些设施用作戏剧表演的辅助品吗？
- 这些设施的形式是否足够灵活，以激发持续的充满活力的集中游戏，并适合儿童可能想要扮演的各种角色？
- 这些设施是否不仅可以让儿童单独使用，还可以让儿童与其他人一起使用，这样他们就可以分享一个滑梯、看看谁爬得最快、在相对安全的高度一起玩耍，或者享受一起摇摆？

7.3 受欢迎的固定设施示例

本节涵盖了具有已证明的高水平使用记录的固定结构。它们能够使儿童维持兴趣，并扩展广泛的技能，以适应多样化的游戏。正是这些基本结构的发展和附加可移动设施（如支架和开放性材料）的组合使用，将提供一个开放式环境，可以由儿童和工作人员来适应和扩展，以维持其持续的兴趣。

如果这些结构只提供固定选项，那么儿童将不可避免地想到非常规且通常不安全的使用方式，例如，爬护栏或扔东西（感到无聊或活泼的孩子的消极行为模式）。设施结构需要满足儿童的需求，这意味着所需的设施可能与公园中常见的现成设施不同。

7.3.1 平台

游戏平台可以是最具适应性和可供儿童游戏的地方，这些平台可以鼓励儿童进行各种各样的团队游戏，并可以被长期使用。能促进儿童有效工作的两种平台是低层平台和一系列不同高度相互连接的阶梯式平台。

低层平台可以提供具有广泛用途的游戏空间。它们可以是：

- 方形或矩形结构，可以让一小群儿童聚集在一起。
- 放置在树根周围的长凳，用于遮盖和保护树根，也可以为儿童提供一个游戏平台。请注意，如果树周围的平台很窄，则会导致儿童反复跑来跑去，而这与将其用于更多种类的游戏是不同的。

它们可以位于各种各样的区域中，仅凭位置就会暗示出不同的游戏水平和形式。例如，它们可以被放置在一个大的柔性地面区域，这

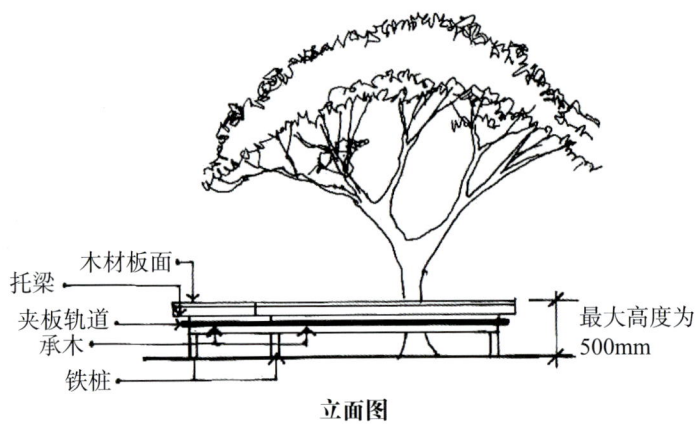

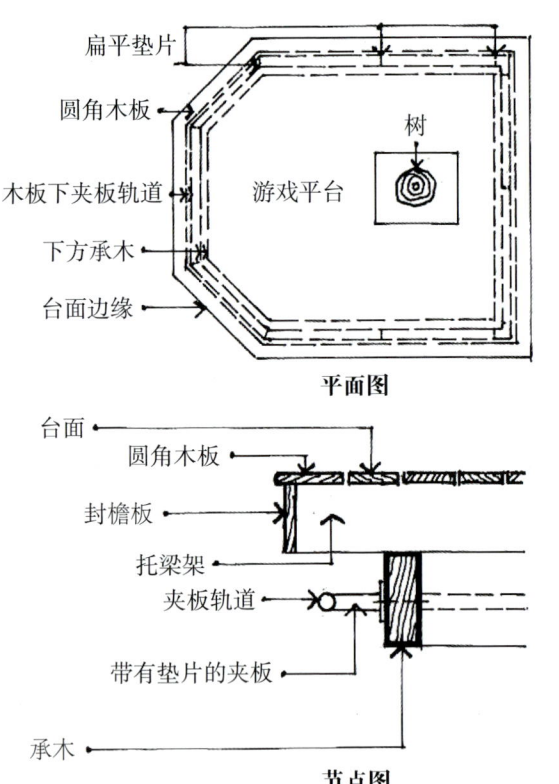

图7.3 嵌在游戏平台下的夹板轨道允许将夹板连接起来,以形成有开放性材料(如绳索、木板、梯子、橡胶轮胎等)的障碍物通道。注:夹板轨道必须隐藏在游戏平台的下方,以免儿童夹住腿部

些平台会成为利用废旧材料和可移动设施来广泛使用不同尺寸和形式的便携式障碍物轨道的出发点。它们也可以被放置在游戏场地上，充当连接物：

- 连接有可调节的绳索装置的绳索桥，以便连接不同的物品，这些物品可以直接连接到平台或木材夹板上；
- 在最远的点连接一个具有兼容性的游戏区，将其作为游戏的过渡，例如连接沙坑；
- 旁边是一个低矮的阶梯区域，以提供不同平台之间的替代通道；
- 远离主要的游戏空间来实现更安静、更多样化的游戏形式。

阶梯式平台是一系列相互关联的平台，为那些希望从一个高度来看待和研究物品如何在不同的层次之间移动的人们，提供了具有挑战性和多样性的观察点。这对于挑战产生的刺激至关重要，将促进儿童技能和风险评估能力的持续发展。

当决定设置阶梯式平台时，请考虑以下事项。

- 将它们放置在远离主要交通路线的地方，并确保平台周围有足够的空间，以便轻松添加可移动设施。
- 将大型平台与较低的小型、窄平台进行连接，这些平台可用作可移动式物品的连接点，例如绳索桥、侧踏绳或单杠。
- 创建一系列小的、相互连接的平台（而不是一个占主导地位的固定结构）到路堤区。
- 确保这些高风险区域都易于监管，可以清晰地查看并访问所有固定和可移动的攀爬结构。
- 确保平台周围至少有2米的自由落体距离。
- 当多名儿童使用该结构时，可以从平台或其他结构中设置多个出入口，以防止高处的堵塞。这些将提供更多的游戏选择，以满足儿童的不同技能水平的需求,并能够让紧张的儿童改变接入点或反向行走。

- 出入口可采用带把手的梯子、带打结绳索的木质攀爬墙、速降杆、较低的结构上的夹板轨道等。对于平台下方的吊环螺栓,应可以被轻松地打开和闭合安全钩。
- 将平台放置在靠近存储可移动设施的地方,便于教师和儿童访问和添加游戏材料。

儿童通过使用开放性材料,积极寻求扩展游戏的平台。但最初可能需要在教师的支持下,他们才能发展出对这些设施或场地安全的感知。

应检查尺寸,以确保符合当地游戏场地的安全要求。

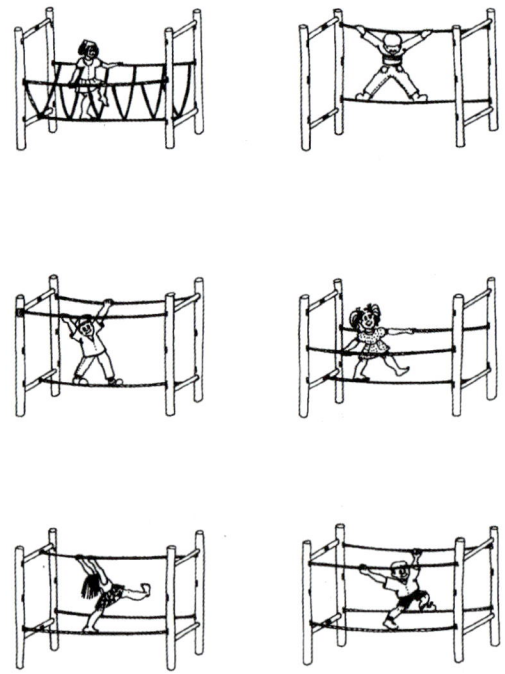

图7.4 一个简单的四柱结构,可以单独或相互连接并放置不同的数量。各种各样的附件将扩展游戏。注:概念图仅适用于简单的四柱结构

7.3.2 秋千

秋千需要很多空间，但它们支持一系列令人惊讶的技能的发展，其中一些技能非常复杂。和任何相关的游戏场地标准一样，在确定如何将秋千纳入幼儿园的游戏空间时，请考虑以下几点。

- 安装一个秋千可以将多个不同的座位连接起来或全部移走。在大多数设施中，这可以通过包括高质量的安全金属钩连接点来实现，这些连接点允许钩上和拆下各种秋千组件。
- 在寒冷的天气中，要选择阳光充足的位置，并确保在较热的天气中有遮阴。
- 出于安全原因，选择远离主要交通路线或其他结构的平坦场地。
- 创建分界线（带入口），例如升高的花坛、低矮的灌木、光滑的树干，甚至是巨石（高度不超过600毫米，以便教师监督），防止孩子跑到秋千区。
- 避免使用边缘硬、窄的秋千座椅，因为它们很容易对孩子造成伤害。
- 如果将秋千挂在树上，要确保树枝足够结实，能够承受几个孩子的重量，并且树枝的高度不会导致秋千的摆动幅度很大，以免儿童不愿意使用。
- 咨询园艺师，来确定一棵树是否能承受住拧入树干的吊环螺栓。它可以是悬挂组件（例如轮胎和绳索）的连接点。通过在精心挑选的树干上使用吊环螺栓，极有可能最大限度地减少剥皮和损坏树木的风险。

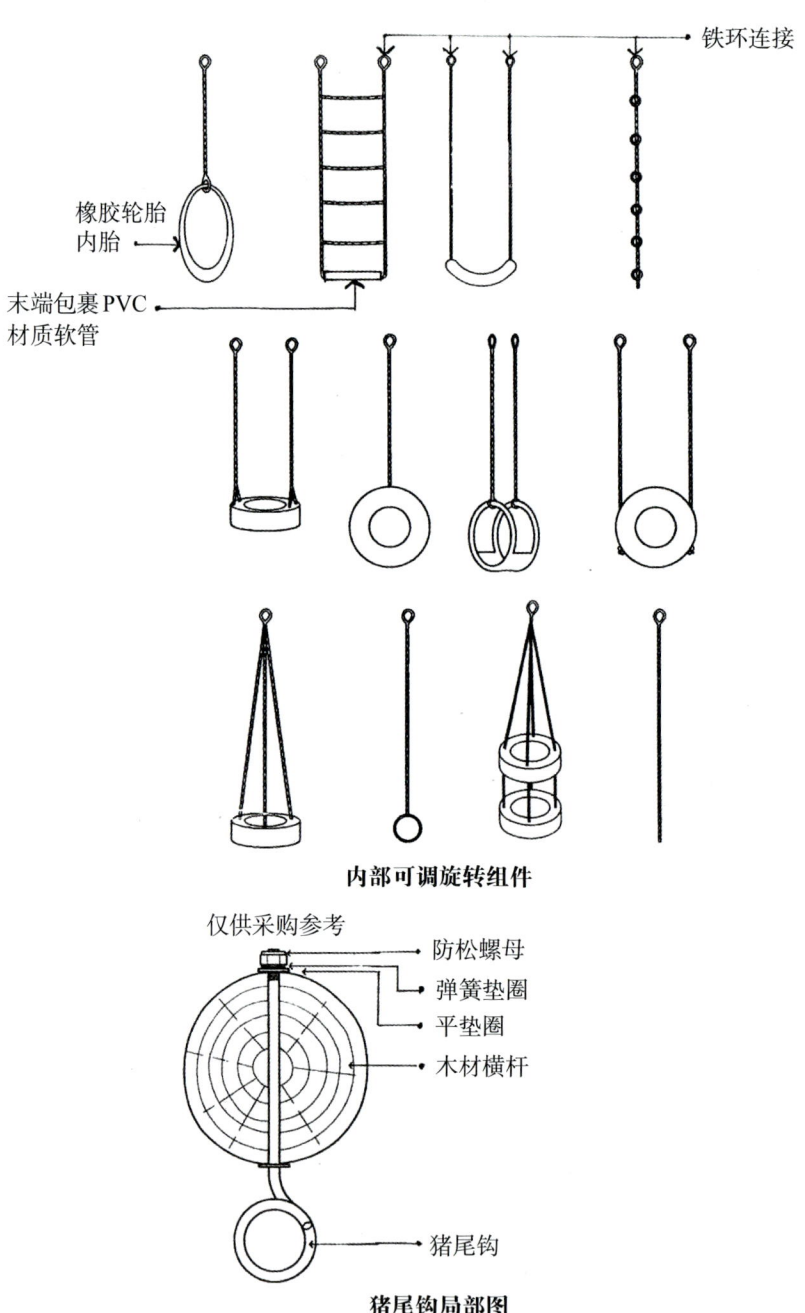

图7.5 设置在秋千的木材横杆上的猪尾钩,可以允许广泛使用秋千的组件

第7章 运动游戏区 125

图7.6 土耳其伊斯坦布尔：带猪尾钩的木秋千架

7.3.3 索道

精心设计的索道可以成为儿童进行挑战和享受的源泉，并让儿童感受到自己的身体在空中飞翔，同时获得新技能和对自身行为的掌控感。

是否选择使用索道，将取决于可用的空间——因为在一个紧凑的游戏场地上放置索道，可能影响整个游戏空间所需要的多样和多元的游戏元素。

当评估索道的适用性时，可考虑以下因素（除相关标准外），这样最终可以满足儿童的需求。

- 评估游戏空间是否足够大：不建议将索道用于小型游戏场地，因为它占用的面积很大，而且需要放置在远离交通路线的地方，通常与围栏平行。

- 使用索道将游戏空间的不同部分连接起来。
- 关注将要使用它的儿童的年龄,并相应地调整设计的规模。
- 使用山丘作为起点和终点,因为它们会允许不同身高的孩子远离起点和终点、双脚稳稳地踩在地上。
- 让起点比终点高0.8~1米。

关于索道的使用,参见第10章的10.3.6部分。

第 8 章

开放性材料

本章提要：

8.1 开放性材料为什么对游戏重要 ▶ 128

8.2 开放性材料的选择 ▶ 130

8.3 废旧材料与可回收材料 ▶ 132

8.4 可移动设施 ▶ 135

8.5 储物棚 ▶ 136

8.1 开放性材料为什么对游戏重要

对许多成人而言,开放性材料意味着那些凌乱的、用剩下的、别无用途的废旧材料,然而对儿童来说,"一些人眼中的垃圾恰恰成了一些人眼中的珍宝"。西蒙·尼科尔森(Simon Nicholson,1971)这样写道:

在任何环境中都蕴藏着不同程度的创造性和探索发现的可能性,这与环境中变量的数量与种类恰好成正比。

在本章中,开放性材料指的是可移动设施(包括购买与非购买的)以及废旧物、可回收物。

当人们将一个新的物品介绍给儿童时,通常意味着有一个新活动产生,并激发儿童将其融入自己的创造性游戏。为了使这个过程顺利进行,活动所发生的变化需要有一个持续挑战的模式。根据儿童的需要,变化的程度可以从细微到巨大。

一些事物都有一个可以预估到的用途,如橡胶软管、大花盆可用于园艺活动,其他的事物(如勺子、铃铛、手推车或光滑的小石头)则到处都可以使用。在其他时候,这些事物在外观上可能并不意味着任何特定的使用形式。相反,它们是儿童想法的催化剂,随着儿童探索和想象如何使用这些材料或适应他们正在做的事情,他们的想法将演变和扩展。这个过程并不是一下子就完成了,可能也要拆分成几个阶段。在具有创造性和发现性的实践中,并不是成品主导着孩子们的游戏。

正是这种材料的多样性真正满足了儿童的需求。正是物理环境和开放性材料之间的化学反应,增强了儿童的游戏和教师的教学。游戏场地的建设与成功使用开放性材料有很大关系。开放性材料把大大小

图 8.1 便携式艺术画架可以在各种场合中使用，可以用作黑板或固定纸的地方

小的适应性空间连接起来，这些空间中发生着微妙的变化，以确保环境可以持续地满足儿童的需求。

可移动的设施和物品的真正好处之一是，儿童有更多充分利用它们的机会。它们的用途可以很简单，比如在凉爽的天气里，儿童可以在阳光充足、有遮阴棚的地方进行活动；它们的用途也可以是复杂的，比如儿童可以将物品连接到某个固定结构上，创建一个有障碍物的赛道，或者用旧传送带做成一个运水的轨道。灵活地使用材料是游戏和发展型学习的关键。

大量使用小型开放性材料的区域，最明显的例子是沙坑区、挖掘区和戏水区。在这些地方，你会在一辆玩具推土机上看到一朵花，在水道边看到泥堡，在沙堡下看到隧道。当整个游戏场地上布满开放性材料时，这些充满令人兴奋和持续的游戏机会的环境，将让儿童获得丰富和有回报的结果。使用开放性材料进行游戏能够增加活动的复杂性。

8.2 开放性材料的选择

选择开放性材料的过程本身就是对儿童愿望和需要的回应。那些激发孩子兴趣的事物，往往既反映儿童的审美和欣赏，又体现他们对自然环境的观察和认知。

需要注意的是：

- 一次呈现太多的开放性材料可能会让儿童难以承受，无法集中精力玩游戏，而开放性材料太少则会让孩子缺乏刺激。
- 不必将所有的开放性材料都摆放出来，有些材料是儿童在日常生活中经常使用的，其他材料则放在储物棚里，以便当儿童真正需要时拿出来，帮助他们开展游戏或充当引发其提问的催化剂。
- 对成年人来说可能是垃圾的东西，对儿童来说可能是宝物和促进其游戏的催化剂。这可能比确定的材料清单更有价值——因为儿童是根据自己的需要来挑选它们的。
- 有些物品（如跳板或秋千组件）可能很贵，而有些物品（如废旧物品或可回收物品）可能很便宜，还有一些物品是免费的（鲜花、斑驳的阳光[1]）——比起批量购买昂贵的材料，搭配上一些便宜的开放性材料是一种更具性价比的做法。

在选择和使用小型开放性材料时，应始终考虑到该材料是否有多种用途的潜力。例如，一辆带轮子的手推车可以用来运送石块、工具（甚至是孩子），而一辆带轮子的三轮车就不那么万能了。与其配

---

[1] 利用环境中自然产生的斑驳光线，可以开展有趣的科学光影游戏和艺术活动等。——译者注

置6辆设计相同的自行车，不如配置有不同类型的车轮、立杆或挂钩的车，这些车的微妙变化将确保它们具有不同的用途。对于大一点的儿童来说，大家都玩同样东西的现象很少见——这是童年时期的一种游戏模式，也就是说，随着儿童的年龄逐渐增长，他们不再需要15把铲子或20根绳子。

下面是一些具有多用途的物品的应用示例：

- 一个旧平底锅可以用来做假装的蛋糕、消防员的帽子，或者敲出节奏和声音。
- 旧衣服和布块（用作包裹物）可以在假装游戏中供儿童改变形象，扮演不同的角色。
- 一篮丝带可以用来包裹一根棍子，制作一个手机，当作捆扎襁褓的绑带，供孩子在奔跑时拿在手上像艺术体操运动员一样挥舞。
- 一块布或塑料可以用作坐垫、运水的轨道（放在土堆的一侧）、可以卷起来保暖的东西或斗篷。
- 锤子类工具可以将钉子敲入裸露的泥土、泡沫板、软木（通常会发展成更复杂的活动，如建造一个小房间）；铲子可以用来挖洞、种植花草或建造水道。
- 绳子可以系在树上，可以是跳绳，也可以是草坪上用来走平衡步或跨跳的东西。
- 一个旧的大木箱可以是一个藏身的地方、洋娃娃的摇篮、动物的庇护空间，或者供儿童跳上跳下的设施。

开放性材料的变化越多，儿童的游戏就反映出越多的创造性、持续性和多样性。

大型开放性材料往往由教师控制和选择。我们在幼儿园里经常看到这种材料，比如通往游戏平台的第二个梯子或支架（当他们想要一个更高的木板来充当支架时)。当儿童遇到这种对他们现有的能力水平有调整的情况时,教师的处理方式可以是"艺术"的,比如稍微移动一块木板来引入挑战。不过,教师需要注意安全问题。

小型开放性材料的放置可以很简单,比如,在游戏平台的旁边放一篮用于装扮角色的衣服,或者在天气炎热时放一个装满水的水槽。

也有许多儿童做选择的例子,例如,教师鼓励年龄较大的儿童去储物棚寻找储存的物品,或一个孩子使用石头、木头、干树枝来建造一座桥。

8.3 废旧材料与可回收材料

废旧物是一种价格低廉、种类多样的游戏材料。由于它没有固定的用途,因此可以被广泛地用于各类游戏。当儿童修改、改造和调整废旧材料,以适应游戏中的需求时,他们会表现出独创性。这种独特性经常会激发孩子们的想象力,让他们极大程度地享有发展和实践自身想法的机会。他们可以毁坏废旧材料而不受惩罚,例如,当他们参与一项诸如拧开一个旧时钟的螺丝之类的活动时,他们的好奇心就会被释放出来——发现里面有什么,并初步了解它是如何工作的。此外,相比使用那些不可替代的材料,当使用废旧材料进行游戏时,如果游戏过程中的某一行动不成功,游戏者所感受到的挫败感可能会少一些。

废旧材料有着无限的游戏潜力,但需要教师有充满想象力的、创新的想法和眼光。安全是影响选择的关键因素。教师必须能经常地意识到潜在的危险,比如:儿童从高高的板条箱上摔下来,被钉子和订书钉弄伤,吸入泡沫颗粒和堵塞耳朵,因容器中的液体残留物而中毒,以及被粗糙的表面造成割伤和擦伤等。当教师使用这些零散的废旧材料时,其自身的水平也能很快地提高,因为这种类型的游戏可以让孩子们通过体验适当的风险来学习。

一些关于游戏场地上的废旧材料与可回收材料的建议如下。

- 用于储物和攀爬的实木板条箱：如果用于攀爬，那么板条箱的高度不应超过1000毫米，长度不应超过1500毫米，这样便于成年人接触和监管儿童。
- 用于攀爬的旧木制板条箱，应该足够坚固，并且所有的缝隙已经被填满，以防止孩子的脚插入其中。
- 橡胶轮胎，可用作攀爬设施或放置跷跷板；然而，在使用前必须进行检查，以确保在磨损的轮胎中没有凸出的钢圈。
- 一个旧床垫，上面有结实的把手，可以用作蹦床，供儿童在上面跳跃，并防止摔倒。
- 塑料盒，用来储存戏剧表演的材料，或者在儿童学习如何使用锤子和钉子时用作激励工具。塑料类材料需要仔细选择，以确保它们不会太容易破碎。在场的教师还应提供支持和说明，以免幼儿在操作此类材料时，教师过于担心安全问题，而不允许幼儿使用材料。
- 筒状物可以有多种用途：窄长的织物卷可以用于戏剧表演，大的圆柱形滚筒可以当作小房子和供孩子们爬过的隧道。
- 硬纸板或塑料材料盒：小而结实的纸盒可用作儿童的凳子或储物盒，大型洗衣机和冰箱的外包装纸箱可用于制作小房子或供儿童在上面涂鸦和绘画。
- 充气轮胎的内胎，可用于攀爬、走平衡步、坐在里面或滚动。
- PVC材质的边角料，可用于沙土挖掘和玩水。
- 一个旧传送带，可用作运水轨道的一部分。
- 塞满报纸团的袋子，可以用来做沙袋，或者辅助戏剧表演。
- 废弃的消防水带，可用作戏剧表演，或用作悬吊的绳索，让儿

图8.2 澳大利亚布里斯班凯茜家庭日托中心：在家庭日托中心里，幼儿熟练地使用可回收材料

童像荡秋千一样有挑战性地使用它们。
- 一根旧的橡胶软管和短塑料管，可用于浇水和戏剧表演。
- 小的、矮的圆木，可以让幼儿踩在上面走平衡步，或放倒当作滚筒。
- 拆除金属配件的旧窗帘、可洗涤的旧地毯，可用于戏剧表演。
- 轻质防水塑料布，夏季时铺在斜坡上，再在上面倒些水来减少摩擦，可作为一个滑梯。
- 玩沙时，可用旧平底锅、勺子、煎锅和其他塑料容器。
- 玩水时，可用塑料瓶（切成两半，制成漏斗）和其他容器、海绵、软木塞、有浮力的物品、塑料管、用来倒水的容器、可打洞做筛子的容器、手动搅拌器、撇子和喷壶（装洗涤用品的喷壶需洗净后再使用）。
- 旧帽子和头盔、方向盘、坐垫、小篮子、凳子和旧电话可用于戏剧表演。
- 对于年龄较大的儿童，可以用螺丝刀、钳子、扳手和镊子来拆装小型废旧物。
- 被锯下旁枝、只剩主枝的树干，可用来建造小房子和连接设施。
- 可以用各种颜色的旧电线把物品绑在一起。
- 可用水粉颜料或彩色粉笔来装饰许多用废旧物制成的工艺品。

8.4 可移动设施

各种商业化制造的设施，可以在废旧材料的基础上为儿童的游戏和学习提供有价值的附加材料。如果家长或护理人员愿意花点心思，并且具有一定的制作技能，那么下面的一些物品可以用可回收材料来制作。选择什么将取决于当地材料的可用性和需求，不过游戏空间至少应该包括以下部分。

- 支架：供幼儿攀爬，以平面和有坡度的方式连接木板，既可以作为一次性物品，又可以与其他材料一起制成障碍道。
- 刚性木板：各种各样的木板是无价之宝，可以连接成低支架，创建障碍道；在其他时候，孩子们可能会在两个较高的攀爬支架和木板之间盖上一块布，在下面创造一个隐藏空间。
- 跳板：特别设计的长而低的木板，放置在两个支架之间，以便孩子们有机会在一个特定的表面上行走；蹒跚学步的孩子在学习跳上跳下时，尤其喜欢抓住教师的手。
- 末端有楔形或钩状的梯子：一种辅助儿童爬上平台的工具，儿童可以在两个支架之间的不同表面上攀爬。

- 防滑坡道板：进一步扩展梯子和平板的使用，如搭建一座桥。
- 户外拼搭积木：这些是使用开放性材料的完美示例，如果有足够的空间和增加的积木，那么它们可以使用多年。在孩子们无处不在的想象中，其他开放性材料经常被合并在一起使用，比如在想象中的城堡中的玩偶、洞穴、飞机隧道或只是一个逃跑的地方。
- 轮式手推车／手推车：这些手推车可以装上积木，以便将其运回仓库，搬运玩沙工具、泥土、种子或动物饲料。
- 水槽：这将需要各种较小的开放性材料或废旧物，以丰富玩水游戏，如需要漏斗、水壶、过滤器、浮力玩具、瓶子、碗、筛子、小型手动泵、小水车、塑料管和海绵。
- 木工工作台：这将需要各种额外的开放性材料才能起作用，如需要锤子、砂纸、木片或塑料片等。应谨慎选择塑料，以确保它不容易破碎（例如当挤压塑料时）。
- 桶：有小有大，有一些带倾倒口（有助于倒出）。

显然，大胆地使用可回收材料需要一个善于观察和提供支持的教师，他（她）将鼓励儿童使用这些材料，向他们解释如何使用，并在必要时帮助孩子理解使用时可能遇到的风险。

8.5 储物棚

存放开放性材料的储物棚的位置和设计是关键。储物棚的形状和大小取决于儿童的数量，以及年龄较大的儿童（3岁以上）是否可以独立拿取物品。如果希望储物棚被有效利用，那么储物棚的位置、空间和大小应该在总体规划过程中仔细考虑。储物棚不应被视为存放其他

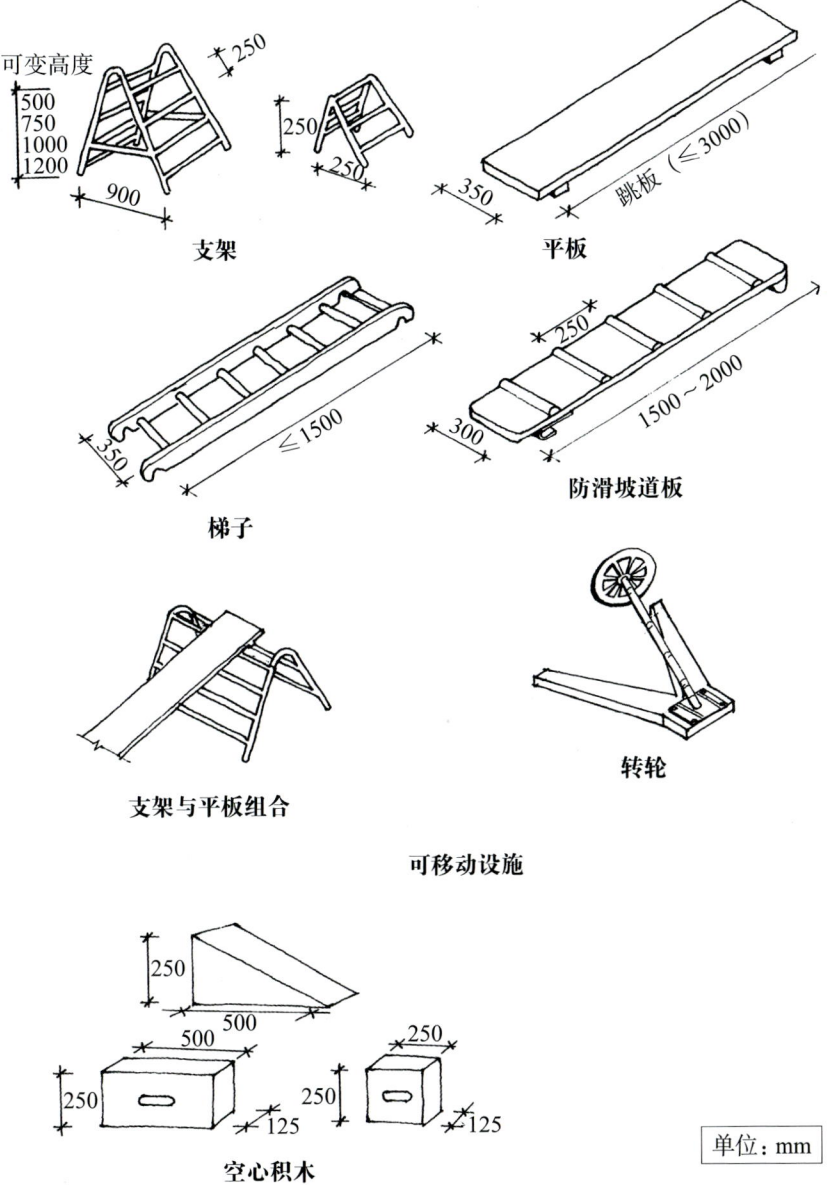

图8.3 支架、平板和可移动设施可以相互关联，以创造更具挑战性的障碍道。大型空心积木可以用来建造小房子、道路等

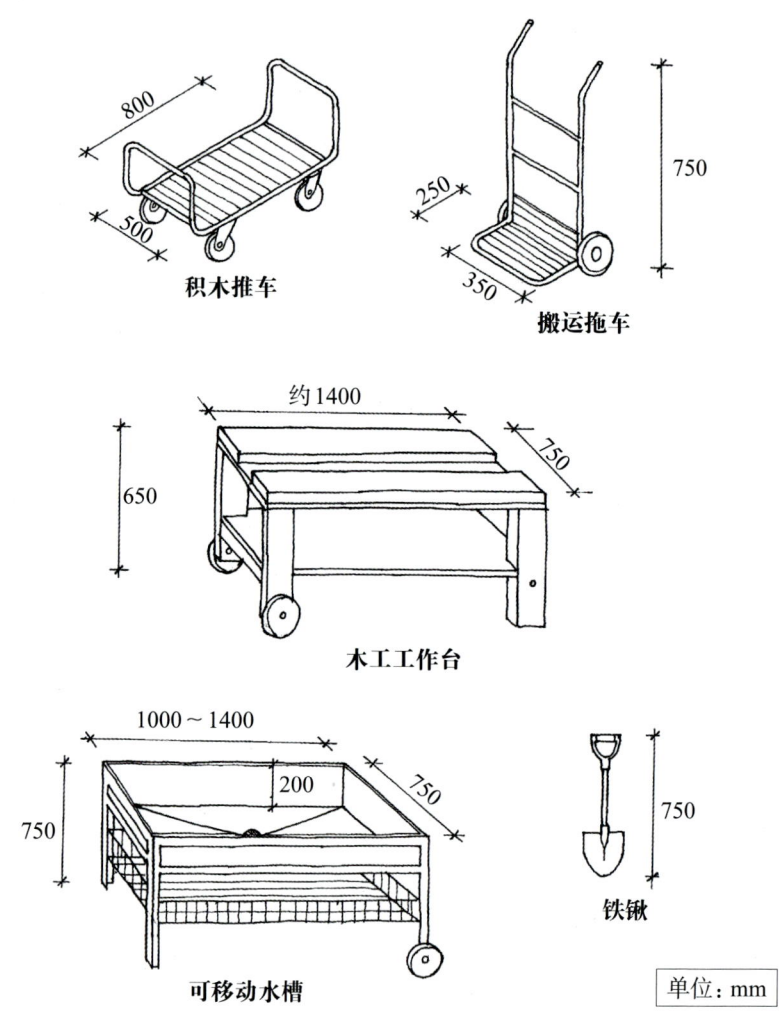

图8.4 可移动设施可以保存在储物棚内。它们为潜在游戏提供了多种可能性，也可供工作人员和儿童在整个游戏场地内运送材料

地方的垃圾的场地，而应被视为存放有价值的游戏材料的场地。

　　随着年龄的增长，孩子们需要积极参与选择、收拾和整理。这些活动提高了他们的决策能力、时间管理能力，并有助于其培养责任感。大一点的孩子可能会在选择材料时发展良好的协商技能，以及计划和（或）创造性技能，因为他们从独自游戏发展到与其他人共享游戏概念和活动。

系统有序地存储,便于随时获取各种开放性材料。然而,在选择时需要小心,因为笨重的物品会占据存储空间,并限制可提供的游戏材料的多样性。因此,应该经常考虑购买更多的小型开放性材料。

在规划方面,储物棚最好放置在确定用途的区域附近。这尤其适用于活动区域所需的重木板、梯子等。户外游戏空间越小或越紧凑,使用者就越依赖于用开放性材料来开展活动。

储物棚可以是独立的,也可以作为建筑物的一部分。可考虑设置多个储物棚。例如,为不同年龄段的儿童单独储存材料,或在每一层单独储存材料(特别是如果储物棚沿着路堤而建),或可能单独储存有特定用途的物品(如用于园艺、动物之家)。避免使用轻质铝棚,因为

图8.5 澳大利亚布里斯班C＆K塔拉金迪战争纪念幼儿园:为3—5岁儿童设计的无障碍储物空间,有助于他们选择和取放材料。设计以确保安全存取,并使轮式玩具能够储存在架子的低处

实践证明，它们可能会被吹走，往往不能成为一个牢固的、设计良好的遮蔽物。

8.5.1 设计的考虑

考虑以下问题：

- 储物棚一般建造成窄长的矩形，在一边有一个长的开口，通常这样做能更有效地利用空间，比建造一个矮而宽的储物棚有更少的"死空间"。窄长的储物棚更容易沿围栏或角落建立，这样教师就不会在照看儿童上遇到障碍。一个储物棚可以窄到1~1.5米（更像一个橱柜），但仍然有效。

- 放置架子的地方需要仔细考虑人体尺寸测量数据，留下一个较低的搁板，便于儿童放置和接触带轮子的玩具；厚木板的位置约与成人的臀部位置齐平；更高的架子上的物品应存储在透明的塑料容器中，以方便随时拿取。

- 在储物棚内安装悬挂物品的宽钩子，这样有助于有效利用可用空间。

- 确保地面是防潮的（通常是混凝土地面），储物棚到毗邻的排水设施有一个很缓的斜坡（坡度为1%）。确保地面与延伸的通道或混凝土区域是完整连接的，以减少灰尘的附着。

- 将水龙头放置在靠近储物棚的地方，最好靠近毗邻的花园，这样就不会浪费水，便于在储存前用来冲洗物品。

- 如果需要，引入自然风和光线，特别是在储物棚潮湿或阳光不足的情况下。

- 考虑锁、边框和感应灯。如果储物棚还用于收纳户外场地维护设施（如割草机），应始终考虑分隔隔板和单独的门，因为这些设施对儿童有潜在的风险。

儿童无障碍储物棚

图8.6 澳大利亚布里斯班 C＆K 塔拉金迪战争纪念幼儿园：为3—5岁儿童设计的无障碍储物空间，有助于他们选择和取放材料。设计以确保安全存取，并使轮式玩具能够储存在架子的低处

第 9 章

婴儿和学步儿的游戏场地

本章提要：

9.1 为什么户外游戏对婴儿和学步儿很重要 ▶ 144

9.2 婴儿和学步儿游戏场地的规划 ▶ 146

9.3 设计的特征 ▶ 154

9.1 为什么户外游戏对婴儿和学步儿很重要

婴儿的年龄通常为0—1岁，学步儿的年龄通常为1—2.5岁，这是他们发展最快的几年——从仰卧婴儿到爬行婴儿，再到刚直立行走的学步儿。由于这一重大的发展变化，他们的活动范围和形式将在这段时间内发生巨大变化。每个阶段的孩子之间也有很大的个体差异。

这是一个至关重要的时刻，为其整个人生所需的能力和韧性打下基础。他们的生活经历通过探索而扩展，这增强了他们对技能的掌握。安妮塔·鲁伊·奥尔兹（Anita Rui Olds，2001）指出：

> 环境是刺激、信息和影响的有力提供者，特别是对婴儿和学步儿来说，他们对环境的所有方面都很敏感——包括环境中事物的运动、声音、体积、纹理、视觉呈现、富有美感的振动、排列形式、颜色和节奏。

户外游戏场地最适合通过游戏提供学习的机会，但前提是物理环境在设计和辅助教学实践方面都是适宜的。考虑到孩子们还不能完全控制自己的身体，教师需要通过观察和监督，在身体和心理上给予他们支持，并有能力评估一名儿童何时准备好接受新的发展挑战。

儿童在这一时期的发展变化是惊人的。这一点的重要性不容低估：对未来的能力和偏好正是在此时建立起来的。进入外界探索世界的婴儿和学步儿通常会更加独立，不同于成天待在狭窄的空间中几乎没有探索机会的儿童，也不同于拓展大肌肉运动、为获得相同的游戏机会而竞争的儿童。儿童需要空间和感官输入，需要能够实际完成的挑战——也就是苏联思想家列夫·维果茨基所描述的"最近发展区"（Newman and Holzman，2014）。他们需要一个环境，活动能够为他们提供一个学习（包括可能被过度担心的成年人视为不可接受的危险行为）的"脚手架"。

婴儿和学步儿需要安慰和支持，它们最好来自一位始终如一的教师。这个年龄层的儿童需要有一个柔软的、有吸引力的空间，有一个提供支持的教师，环境中有微妙的变化，这些将引发潜在的活动。

在蹒跚学步的阶段，个体将变得独立，他们通常会有非常强烈的意愿，跌跌撞撞地冲向任何吸引其注意的东西。他们倾向于使用许多重复的小动作——向上/向下的动作、溅起水花或沿着长凳的一侧移动。学步儿的大部分玩耍都是由好奇心驱动的：他们专注于探索和发现任务，这让他们扯着、甩着、换着玩，而当坚持自己的独立性时，他们往往对这样做的后果漠不关心。然而，当他们寻求支持、消极或想坐下来观察时，他们的行为可能会快速地发生变化。游戏可以是多种多样的，因为游戏者可以进行忙碌的探索，比如打开水龙头、开关门，以及把东西拉到自己的身上。对他们来说，游戏是一项严肃而引人注目的任务，其中很大一部分是以自我为中心的。他们不希望别人打扰，会把其他孩子推到一边，因为他们决心要走自己的路。除非活动由教师引导，否则他们很少开展集体游戏。

然而，随着学步儿观察、模仿、与同伴一起玩耍或与同伴进行短暂接触，互动游戏也在不断发展。我们必须记住，一个有效的户外游戏场地是一个以丰富的感官刺激来提供视觉愉悦的环境，是有着细微变化的环境，这种细微的变化是在开放性材料和教师的理解和支持下发生的。

学步儿在与环境和其他孩子的互动中探索和扩展活动，并为经验的分层奠定基础。没有合适的游戏场地，实际上是剥夺他们在发展关键期的重要经验。

图9.1 澳大利亚布里斯班凯茜家庭日托中心：这个富有创造性的设置使用了废旧的洗涤槽和水，不同的植物增加了感官体验的丰富度

9.2 婴儿和学步儿游戏场地的规划

户外游戏场地能够为婴儿和学步儿提供在其他地方无法获得的学习体验。对于这个年龄段的儿童来说，有一定熟悉度和兼容性的游戏场地不会那么使其畏惧。然而，它必须提供不同的机会，并应该是一个新的、自然的体验和一些熟悉的人造物或废旧物的谨慎混合。这些项目的选择需要谨慎进行，因为婴儿和学步儿的需求明显不同。与室内相比，室外必须提供多种多样的游戏形式。

为婴儿和学步儿规划游戏场地和为大一点的孩子规划游戏场地有相似之处。但是，需要特别考虑以下规划要素。

9.2.1 位置

在规划早期托育中心时,应始终考虑婴儿和学步儿在整个场地中的位置以及与相邻空间的互动。在繁忙的道路和高速公路附近,汽车尾气和持续的噪声会破坏游戏的效果,更不用说尾气的毒性风险,甚至接近交通事故的伤害——这种情况发生的频率是惊人的。

布局

最好的设计是为婴儿和学步儿提供一个与主要空间相邻的、独立的游戏场地。在这里,他们将不必与更年长、更敏捷的孩子竞争游戏的机会。然而,从发展的角度来看,这为孩子们提供了一个契机,使他们能够观察并经常模仿年龄较大的孩子的行为模式,开启和享受与不同年龄群体的早期社交。当婴儿和学步儿游戏时,不要完全地离开他们是很重要的。常见的做法有,隔着围栏观察并与年长的孩子交流,在分享和交流时间与其交流,这对社交情绪的发展非常有利,不仅对年幼的孩子来说是如此,对年长的孩子来说也是如此,因为这可能是他们第一次与不同的年龄群体进行互动的机会。

年龄较大的孩子和年龄较小的孩子之间的空间划分应该略有不同,可通过低矮的围栏或高于地面的花圃来实现,这样孩子们可以很容易地看到并意识到彼此属于不同的群体,又能与年龄较大的孩子有一定程度的互动。在实践中,随着年龄的增长和能力的增强,婴儿和学步儿可能会寻求进入年龄较大的孩子的游戏场地,这应该被视为一种发展,表明他们已经准备好迎接更有挑战性和刺激性的环境。

婴儿和学步儿的游戏场地的布局应与较大儿童的游戏场地非常相似,但规模较小,例如有安静游戏区、开阔游戏区、运动游戏区和自然游戏区(参见图2.1)。

图9.2 堪培拉首都山早期教育中心：不同纹理的自然材料被精心布局，以确保新来的学步儿很容易获得它们

学步儿注意力集中的时间通常很短，所以应该帮助他们在不同的活动空间之间移动，同时提供空间内的物品和元素，如感官面板、带

有纹理的表面和植物。如果设计得好，那么区域的相互连接将允许不同区域活动的流动，并有助于最大限度地减少与那些正沉浸于忙碌工作中的儿童发生冲突的风险。例如，沙坑不应该直接延伸到那些活动量大的游戏区域（如攀爬区）。

在规划位置和重要因素时，应该始终考虑与位置相关的气候因素。在炎热的气候下，需要遮阴的帆布和遮阴树覆盖大部分游戏场地。落叶树和爬满藤蔓、繁花盛开的花架，在更温和的气候中能够提供具有季节性的感觉体验，并且让冬季温暖的阳光洒满整个户外游戏场地。

空间

儿童的空间不应被低估。他们需要进入开放的区域，有爬行、跌倒、扑倒在人群中的空间，有推物品的空间，能够练习僵硬的步态（逐渐演变成跑步动作）。每个孩子至少需要6平方米，但最好有更多的空间。良好的空间供应还将允许爬行的婴儿和刚学会走路的学步儿分开，这通常是因为刚学会直立走路的学步儿太专注了。在实践中，潜在的使用范围常常被低估。

地形

起伏的土丘和（或）轻微倾斜的路堤或坡道，是引发孩子们探索的地形类型。它们也为婴儿和学步儿提供了接受挑战的机会、从高处欣赏事物的乐趣、滑下和爬上的乐趣（随着技能的发展）。例如，平缓的路堤带有斜坡通道，孩子们可以爬上爬下，或者从1.5～1.8米的高度滑下，这并不超出18个月—2岁儿童的能力范围。他们喜欢改变高度的挑战，滑下时紧张和激动的感觉（滑梯要在路堤上设置好，儿童可以抓住高的侧边）会带来挑战感和兴奋感，而不会有垂直坠落的风险。巧妙的设计总能带来探索多样玩法的机会，如果一个设施主要用

图9.3—图9.4 澳大利亚布里斯班图古拉瓦幼儿园:高级和初级场地之间的连接显示了较小和较大孩子间的社会互动程度。低矮的桌子被用于游戏场地的设置

于挑战力量或结构,那就抑制了整体游戏体验的多样性。有了良好的设计,教师可以很容易地提供必要的支持和观察。

交往空间

交往空间是主要的游戏场地的一部分,是一个专门为年幼的孩子设置的、非常明确的单独区域。通常,沙坑可以是较大儿童的游戏场地的延伸,中间有分隔凳,以有助于较小儿童接近较大儿童并进行社交活动。角落和缝隙、小土丘、有坡度的路堤(有阶梯或扶手),都是这个年龄阶段的儿童积极发生交往的地方。

在这些区域中将较大儿童和较小儿童进行分隔,可以通过简单的设计来实现:

- 一个高出地面的花圃,高度为500毫米;
- 一个垂直板条拼成的低围栏,600毫米高的地方有连续的光滑木板,作为孩子们站直了就能看到远处的平台;
- 带有500～600毫米高栏杆的游戏平台,使相邻游戏空间中的较小儿童和较大儿童能够进行社交活动和共享游戏;
- 带有凹槽的立柱上的面板由不同颜色和纹理的有机玻璃制成,具有多种用途,可以刺激婴儿和学步儿直立、进行感官接触、观看和与相邻的游戏空间中的儿童互动。

室内和室外

随着年龄和技能水平的增长,儿童的睡眠模式和团体规模需要改变,以适应正在发生的变化。室内外区域是相互关联的整体,这一点是十分重要的。爬行的婴儿、几乎直立行走的学步儿,甚至那些刚开始跑步的幼儿,都可以在室内外区域之间移动。根据儿童的发展需要,教师可以开展各种活动。例如:当活跃的孩子在室外时,比较安静的孩子可以待在室内；或者当较大的孩子在室内时，比较安静的孩子可以有时间以温和的方式探索室外的世界。为此，需要提供以下服务：

- 从室内到室外的道路必须是连续的平面，以免婴儿和学步儿被绊倒，并允许他们独立爬行和行走；
- 为炎热天气下的户外游戏场地提供遮阴，或者提供季节性供应（如在温带地区种植落叶藤本植物）；
- 在过渡区设置一个观景点，以便婴儿和学步儿探索游戏场地的其他地方，也便于保教人员在不打扰其游戏的情况下观察和支持他们。

辅助材料

通往主要游戏区域（如沙坑、阳台）的运水通道，用于在一天结束时灌溉植物和冲洗草坪。

开放性材料

在提供开放性材料时，教师要根据婴儿和学步儿的需要和行为模式仔细选择，以确定他们是否正在寻求扩展经验。婴儿和学步儿在玩小的东西时会发出声音，在使用大的东西（如可以躺在上面的垫子，可以躺或靠的橡胶轮胎）时，身体会有感觉。然而，配置的天然材料应该是丰富的（例如小木环、小竹篱、光滑的原木），常常有助于婴儿和学步儿练习站立（请参阅第8章）。

存储

儿童的发展需要变化得十分迅速，这意味着教师需要仔细选择储物空间，最好是提供毗邻婴儿/学步儿游戏场地的单独储物区域。储物棚的成功使用需要考虑到该区域内使用的物品的大小，以确保包含适当的货架（请参阅8.5）。

种植

为了适应不同的季节，不仅较大的儿童需要遮阳植物，较小的儿童也需要遮阳植物。在选择植物时需要注意，应确保不含有可塞进耳朵和嘴巴的小东西（请参阅3.6）。

9.2.2 氛围

婴儿和学步儿游戏场地的氛围可以被描述为"有异有同"——孩子的探索和想法的发展需要通过教学和环境来保证。需要有孩子感到熟悉的物品、可识别空间和游戏区域的焦点——例如，在大树下的座位区中，教师可以和孩子们一起坐在一块巨石上。

户外游戏场地中需要一些独特的区域，孩子们可以从各个角度看到这些区域，以确定自己的方位。尽管他们可能只是在爬行或蹒跚学步，但他们确信自己可以回到开始的地方。

9.2.3 适应性

游戏场地内任何设置和固定设施的可行性，取决于以多种方式加以调整和改变的可能性。在设计环境时，要有一些开放性材料来实现开放性，同时要有固定装置以确保永久性。初期的规划应该包括一个单独的储物棚，用来存放婴儿和学步儿的设施。储物棚既可以直接设置在游戏场地上，也可以毗邻游戏场地，并且储物棚的设计不会在场地上形成障碍或造成视线盲区，这样教师就可以很容易地看到和参与儿童的游戏活动。

9.3 设计的特征

如下所述，在设计婴儿和学步儿游戏场地时应该考虑以下六个关键区域。

9.3.1 中心区域

这个区域通常包含一个沙坑、一个铺设好的区域，并且从游戏场地的每个部分都能看到该区域。通常一棵树、藤架或遮阴结构可以吸引目光且令人感到赏心悦目（类似于"灯塔"）。地面的表层材料是非常重要的，应该易于清洁和排水，以便在这里开展混乱的游戏。种植在一年中的不同时间开花的藤本植物，安装风铃、链条和钩环，这样不同的物品可以从遮蔽空间的上方悬挂下来。

9.3.2 自然游戏区

这并不总是一个确定的区域，因为游戏可以分布在各处。自然游戏适合沿着围栏或邻近安静游戏区进行。这类游戏可能涉及垂柳下的藏身处、藤蔓中的窥视洞、高于地面的花圃、各种各样的表面、裸露的土地、沙子、带有图案的提供感官刺激的路径（例如有叶子的纹理、压制波纹铁或大理石表面）和简化的设施（如小的浅水池），而婴儿和学步儿将在以后的主要游戏场地中体验同类型的大设施。

9.3.3 开阔游戏区

这个区域应支持婴儿和学步儿进行快速的移动，并有助于学步儿从蹒跚学步发展到跑步。它可以结合一个土丘、低矮的路堤或环形通道，然后延伸到周边区域，与游戏区域的其他部分相连接，确保所

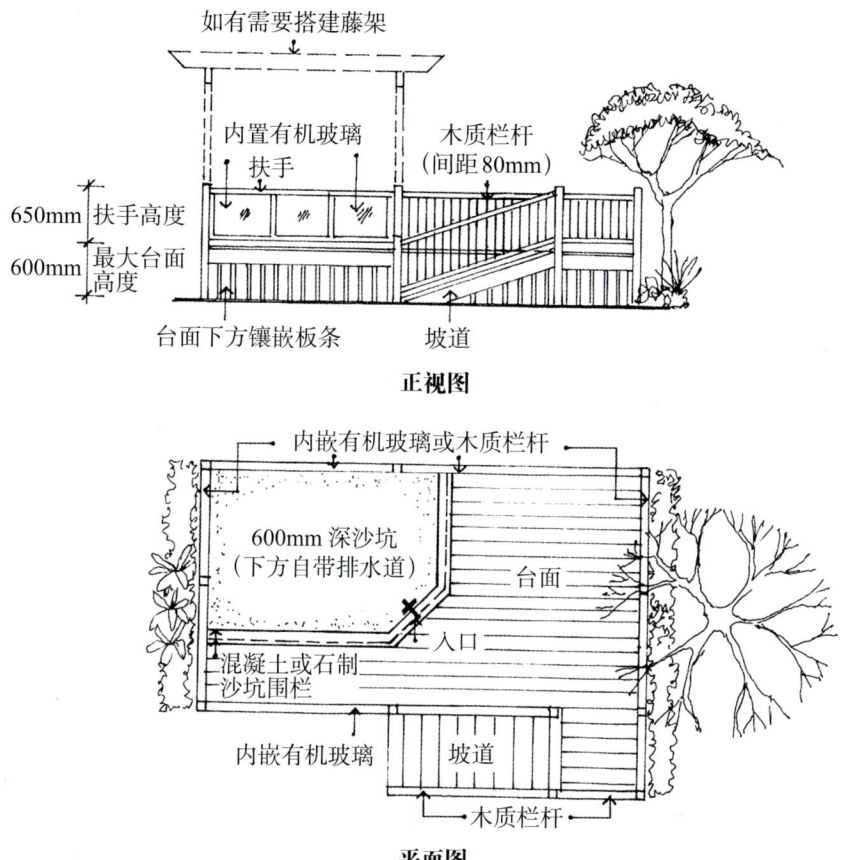

图9.5 围绕沙坑设计的学步儿游戏平台

有技能水平的孩子都可以使用。可以投放带轮子的玩具来促进相关的游戏。

9.3.4 安静游戏区

这些小空间可以让婴儿和学步儿在知道周围有其他人的情况下,退一步并观察其他孩子。这些小空间包括:

- 小柜子。

- 工作平台下有足够的藏身之处（至少1.5米），以便学步儿进入和躲藏。
- 被巨石环绕的铺砌区域。
- 一条围绕树根的长凳，婴儿和学步儿可以扶着直立并绕着走；
- 教师通过放置柔软的抱枕、坐垫、泡沫块来划分一个区域，让爬行的婴儿远离刚学会走路的学步儿的兴奋活动，后者还没有发展到了解自己的游戏可能对爬行的婴儿有侵扰。
- 便于婴儿和学步儿进入的沙坑，可以是一个边缘宽且由圆角砖围成的凹坑，这样孩子们就可以自己爬进或爬出沙坑。可以有一个低矮的木质平台，周围是低矮的木栅栏，而且有一个斜坡可供婴儿和学步儿爬上爬下。
- 竹枝或柳枝弯成拱形，构成隐蔽的空间和交错的小路。

9.3.5 运动游戏区

学步儿面临的主要挑战是"到达某个地方"，所以运动游戏区需要提供一个目的地，比如一个游戏平台、秋千（有适当的障碍）、路堤或土丘。就实际设计而言，该区域需要台阶（不同类型的）、坡道，可能是建在路堤上的滑梯、平缓的坡道或路堤上的扶手或绳索，甚至只是一个可以滚下来的斜坡。

9.3.6 屏障或过渡空间

较大儿童和较小儿童的游戏场地之间的屏障应该有利于两个场地中的儿童互相观察和接触。例如，屏障可以是低矮的围栏、高于地面的花圃、低矮的门（开门的一侧远离婴儿和学步儿游戏场地），这样教师就可以选择将空间整合起来。打开门闩的位置应该在较大儿童所在区域的低矮的门上且不靠近较大儿童的一侧（如果场地相邻

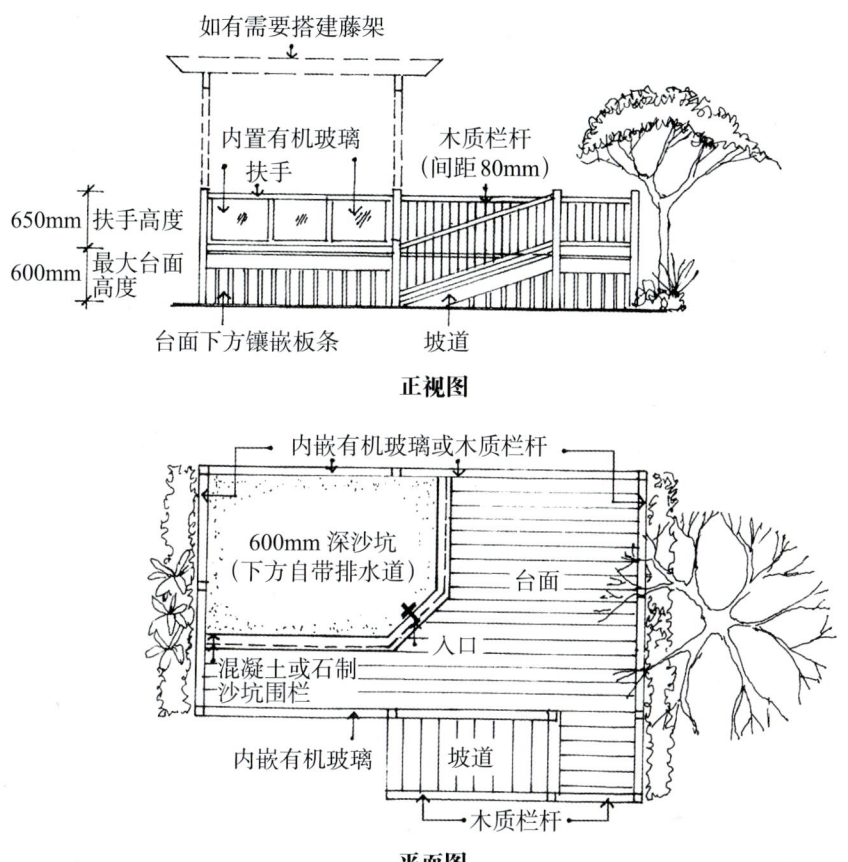

图9.5 围绕沙坑设计的学步儿游戏平台

有技能水平的孩子都可以使用。可以投放带轮子的玩具来促进相关的游戏。

9.3.4 安静游戏区

这些小空间可以让婴儿和学步儿在知道周围有其他人的情况下,退一步并观察其他孩子。这些小空间包括:

- 小柜子。

- 工作平台下有足够的藏身之处（至少1.5米），以便学步儿进入和躲藏。
- 被巨石环绕的铺砌区域。
- 一条围绕树根的长凳，婴儿和学步儿可以扶着直立并绕着走；
- 教师通过放置柔软的抱枕、坐垫、泡沫块来划分一个区域，让爬行的婴儿远离刚学会走路的学步儿的兴奋活动，后者还没有发展到了解自己的游戏可能对爬行的婴儿有侵扰。
- 便于婴儿和学步儿进入的沙坑，可以是一个边缘宽且由圆角砖围成的凹坑，这样孩子们就可以自己爬进或爬出沙坑。可以有一个低矮的木质平台，周围是低矮的木栅栏，而且有一个斜坡可供婴儿和学步儿爬上爬下。
- 竹枝或柳枝弯成拱形，构成隐蔽的空间和交错的小路。

9.3.5 运动游戏区

学步儿面临的主要挑战是"到达某个地方"，所以运动游戏区需要提供一个目的地，比如一个游戏平台、秋千（有适当的障碍）、路堤或土丘。就实际设计而言，该区域需要台阶（不同类型的）、坡道，可能是建在路堤上的滑梯、平缓的坡道或路堤上的扶手或绳索，甚至只是一个可以滚下来的斜坡。

9.3.6 屏障或过渡空间

较大儿童和较小儿童的游戏场地之间的屏障应该有利于两个场地中的儿童互相观察和接触。例如，屏障可以是低矮的围栏、高于地面的花圃、低矮的门（开门的一侧远离婴儿和学步儿游戏场地），这样教师就可以选择将空间整合起来。打开门闩的位置应该在较大儿童所在区域的低矮的门上且不靠近较大儿童的一侧（如果场地相邻的话），以便教师可以控制进出。如果孩子们试图爬上低矮的围栏，那么这应该被视为一种发展的进步和明确的信号，因为这表明孩子们需要更多具有挑战性的游戏机会：也许是时候打开门，看看谁会采取行动。

第 10 章

有特殊需要儿童的游戏场地

本章提要：

10.1	为什么户外游戏对有特殊需要儿童很重要	▶ 160
10.2	为有特殊需要儿童规划游戏场地	▶ 163
10.3	设计注意事项	▶ 165

10.1 为什么户外游戏对有特殊需要儿童很重要

对于有特殊需要或学习困难儿童来说,他们有困难的关键原因之一是神经通路连接的延迟。如果一个有特殊需要或学习困难的学习者想要实现他(她)的潜能,那么有必要通过不断强化活动来刺激这些神经通路。当从经验中学习时,大脑会对环境做出反应。一个充满刺激的环境能够促进神经通路网络的形成,并"促进大脑反应、学习和记忆能力(智力)的提高"(Portwood,2000)。例如,本体感(对我们的肢体在空间中的位置的意识)影响许多有学习困难的儿童(如有多动症、运动障碍和阅读困难)。当我们运动时,对肌肉收缩或拉伸量做出反应的敏感感受器会通知我们的大脑,并将其记录在我们的记忆系统中。这种动觉映射是发展良好的大肌肉运动技能的重要组成部分,大肌肉运动技能反过来又促进更复杂的精细运动技能的发展。无论是在课堂上,还是在日常生活中,这些技能对学习都至关重要。前庭系统也为我们提供有关运动方向和速度的信息。它能使我们发展良好的肌肉张力和平衡能力。如果本体感和前庭系统不能有效地发挥作用,那么儿童就会显得笨拙和不协调——这是多动症儿童的普遍特征。

身体游戏与儿童的运动控制水平直接相关。对大多数儿童来说,这属于自主运动[1],但对那些有特殊需要的儿童来说,并没有那么明确地呈现出这一特点。诸如在障碍物中穿梭、结合运动和方向的快速变化、跟着做一系列的动作和保持平衡等活动,都是实现运动流动性的重要组成部分。户外活动包括使用大肌肉群(手臂、腿、头部和躯干的

---

[1] 原文为 voluntary movement,又称随意运动,指的是受意识调节、具有一定目的和方向的运动。它是动物和人的行为和活动的基础。它区别于先天的不受意识支配的心跳和眨眼等不随意运动。——译者注

协调)的活动,从而改善小肌肉群的控制(脚的平衡或手的抓握,涉及攀爬等大型运动),这是儿童发展里程碑的一部分。需要操纵技巧(如在沙水游戏中进行倾倒)的活动,以及使用开放性材料开展空间判断、移动控制、双手有明确分工的活动,对于运动控制能力受损的儿童来说,在使用每种工具时通常都需要反复的练习。

图10.1 新南威尔士州卡姆登梅特德伊学校的婴幼儿游戏场地。这是一所针对智力障碍儿童的学校,旨在允许儿童独立、安全地享受运动的过程

儿童的安全与这些精细运动技能的发展之间经常存在冲突。儿童可能需要辅助练习,特别是在需要进行一系列活动的情况下。一个设计良好的户外游戏场地可以促进一对一的接触、观察和支持,从而大大地支持教师的角色。一个融合多感官刺激的游戏场地将改善儿童的空间意识、身体形象、互动和自尊等的整合。同样,重要的是要包括安静的地方。在那里,对开展大量活动有困难的孩子有机会"休息"。

最重要的是，有特殊需要的儿童需要更多的时间来组织他们的想法、行动和反应。他们可能已经想出策略来避免困难的任务，所以对他们擅长的事情表示欣赏是很重要的，同时鼓励他们挑战自己尚有局限的弱项——在这个过程中应给予他们大量的支持和肯定。这一点对年幼的孩子尤其重要，因为他们的自尊似乎更多地依赖成功的体验，而不是和其他人做同样的事情。

有特殊需要的儿童有重要的需要和权利——将游戏作为最大限度发挥其潜力的基本手段。大多数有特殊需要的儿童需要的是融合，而不是隔离。对大多数孩子来说，最好是把他们整合到一个规划良好、设备齐全的户外活动场地上。这使他们首先被视为有权利的个体，其次是有特殊需要的儿童。

早期教育机构往往是这些儿童充分融入社会的第一个和唯一的机会。如果处理得当，这将为他们提供重要的见解和开阔的人生观。这还可能在一定程度上有助于防止其现有能力的进一步恶化，并帮助他们弥补那些不太可能得到充分发展的技能。对于那些特殊需要不那么迫切的人来说，这是一个重要的跳板，是其融入和独立生活的第一个机会。

户外游戏为有特殊需要的儿童提供了一个机会，让他们有机会像更有能力的同龄人一样被对待。事实上，利兰·G. 肖（Leland G. Shaw, 1987）指出：

> 有足够空间的、精心设计的户外游戏场地，应由对儿童的游戏和发展有深度理解的人设计……其空间能有效容纳多种明显不同的技能和需要，这些技能可以发生在任何儿童群体中，更不用说那些有特殊需要的儿童。

在户外游戏中，有特殊需要的儿童可以模仿他们所观察到的行为，并像其他儿童一样，在与较小和较大的群体融合之前，在群体的边缘开展游戏。他们的发展水平和特殊需要的类型对他们是否充分参与有影响。对许多人来说，同辈群体的压力将是一种激励，这也可能使他们第一次意识到自己在某些方面是不同的。这种认识可能是逐渐被接受的早期成长过程的一部分。它不一定是一种消极的体验，而是一种现实的体验，这将帮助他们继续进步，获得技能，以适应和处理他们在社交和其他方面的需求。

早期教育机构不可能满足有特殊需要儿童的所有游戏目的和目标，但可以尽可能整合地满足这些儿童的大部分需要。一个患有严重脑瘫的孩子可能要花好几个月的时间才能学会某个技能，比如爬上一座低矮的木桥——但这很可能标志着一个全新的独立水平，也是机构中每个人庆祝的理由。

患有不同形式的阿斯伯格综合征的儿童积极地寻找和需要能够让他们独自玩耍、避退旁观的环境。阿斯伯格综合征患者将表现出明显的变化，这取决于各种因素（如疾病类型、严重程度、早期干预水平、所获得的支持、经验、不变的教师以及周围人持续的、充满爱的接纳与支持）。

对其他孩子来说，这也是一种学习经验：有时他们的问题在成年人看来可能很直言不讳，但显示出一种诚实的好奇心，这将帮助他们——不但在这个阶段，而且在他们的一生中——迅速且乐意地接纳有特殊需要的人。

10.2 为有特殊需要儿童规划游戏场地

游戏场地是为所有孩子准备的：它是一个娱乐、社交和扩展技能的地方，并关注儿童的全面发展，以及在可能的情况下实现有特殊需要儿童的融合。这是规划游戏场地必须坚持的第一要务。

考虑为有特殊需要的儿童提供哪些功能，以及可用空间的大小。如果将一些设施只支持几个孩子的游戏作为占主导地位的因素，那么可能会增加早期教育机构的运营成本，并将这个成本分担到机构中的其他孩子的身上，可能会引发物理环境不能真正支持有特殊需要儿童的问题。

在现实中，一个精心设计的大型开放空间有隐秘的区域，有各种各样的游戏空间，有种植区、沙水区，还有入口区、旁观区（如前文描述的），将很好地服务大多数儿童。

10.2.1 总体设计注意事项

虽然也许不可能满足以下所有条件，但请尽可能多地关注这些有助于创建全纳游戏场地的条件。

- 提供一个带有开放式设施的游戏场地，这些设施将激发各种游戏形式（特别是与开放性材料相组合时）。
- 在评估和判断每个孩子的游戏需求后，为他们提供渐进式的挑战，鼓励每一个孩子，而不是以过难的挑战吓退他们。
- 使用无结构的天然游戏材料（如沙子和水），它们可以让孩子在玩耍时轻松地感受到成就感和创造性。
- 提供大量便于幼儿取用的开放性材料：这些开放性材料可以随时改造，以便游戏场地能够满足不同技能水平的儿童的需要，并提供持续的挑战，以刺激儿童达到新的发展水平。
- 致力于提供一个有丰富的感官体验的环境，它将引起许多有特殊需要儿童的兴趣，让他们基于自己的兴趣，发挥技能水平，适应环境中的要素，更富创造性地使用环境。
- 提供可改造的环境，让坐在轮椅上的儿童能够参与戏剧表演

（例如在团体活动中扮演生活中或假想的角色）。
- 确保提供安静的空间，因为有特殊需要的儿童更容易疲劳，需要休息一会儿，或者只想看别人玩。
- 要特别注意平衡挑战和风险：有特殊需要的儿童和其他孩子一样需要挑战——然而，必须仔细监测环境中挑战的数量，以确保他们不会因为已有的限制而受到阻碍或处于更大的风险中。

10.3 设计注意事项

在为有特殊需要的儿童考虑合适的游戏场地时，有几点需要特别注意。更详细的要求请参考当地标准。

10.3.1 场地入口

- 户外游戏场地的布局应最大限度地为有特殊需要的儿童提供便利，使他们可以很容易地从建筑物到游戏区，从一个区域到另一个区域。这也有助于工作人员轻松地教导这些孩子，并在他们需要时给予帮助。
- 有方便轮椅进入主要游戏区域的通道，使儿童能够自己到达区域。一旦到了那里，孩子们就可以被搀扶着从轮椅上下来，坐在沙坑或手推车里，或者被搀扶着玩滑梯，这让他们有更好的机会亲自动手玩耍。经过精心规划的道路将使工作人员不必带孩子走很远的路，让这些孩子更快地参与游戏，也不那么费力。道路的数量应该保持在最低限度，以便其他儿童游戏的流动或延伸不受阻碍和限制，而使用轮椅的儿童仍然可以到达游戏场地上的所有主要位置。
- 一组儿童共享的入口路径和大门应至少有1米宽，并有一个坚固的、防滑的表面，其横向坡度不超过1%。便于儿童步行的最大纵向坡度为1/14，最适合1~1.5米的短距离，儿童可以在到达顶端之前加快速度。无障碍通道应具有较低的坡度。

- 为了表明场地中的物理变化（例如存在门、斜坡或台阶），可以在道路上使用不同图案的砖块、另一种表面材料或一排砖块。靠近门口的粗糙凹槽或表面的变化，甚至在门前几米有一个更大的缓冲区，对有视力或其他障碍的儿童特别有用。
- 进出建筑物的坡道应至少有1米宽，表面坚硬、防滑，坡度不超过1/14。坡道建成后，可以增加扶手且费用相对较低。
- 为婴儿车、手推车和轮椅提供一个连续的通道，有助于行动不便的儿童活动。在通道上增加扶手，增加通往其他斜坡的通道，将有助于提高所有孩子的运动技能。在设计台阶时，台阶踏步宽度约为260毫米，踏步高度不小于150毫米[1]，并且儿童不会重叠踏步，以免造成磕绊。在台阶边缘使用颜色或对比色条将有助于有视力障碍的儿童或成人。
- 相邻的表层材料应该平整，以防止儿童绊倒，并有助于轮椅进入。防滑且平整的地表铺设要延伸至小房间和储物棚等区域，使行动不便的儿童更容易自主选择活动。
- 一个平坦而坚硬的表面将使一个有特殊需要的孩子能够在一个低而平坦的滑板上拉着自己前进。
- 土丘或路堤的坡度应不超过1/12，以便轮椅进出。在土丘或路堤的高处要有一个平坦的区域，可以防止轮椅滚下来，也让孩子有难得的机会从高处观看他人玩耍。其他孩子则可以享受滚

---

[1] 我国标准请参见中华人民共和国住房和城乡建设部颁发的《托儿所、幼儿园建筑设计规范》（2019年版）："供幼儿使用的楼梯踏步高度宜为0.13m，宽度宜为0.26m"。——译者注

下土丘的体验，获得前庭刺激。
- 可以在土丘中建长约2米、直径为1米的半圆形混凝土隧道，宽到可以让轮椅进入。需要将隧道入口的边缘垫好，使其平滑且贴合土丘，以减少意外事故的发生。坐在轮椅上的孩子会喜欢这种在隐蔽空间中的感觉。

10.3.2 高度变化

- 应该保持环境中高度的变化，以帮助儿童扩展大肌肉运动技能。这包括通道、滑梯和其他项目，以适应使用者的水平变化，进一步扩大潜在用途。
- 在游戏空间的不同层面提供可选择的入口和出口，并在此过程中帮助孩子们独立思考，使其在挑战自我中发展自我保护与管理能力。

10.3.3 攀爬结构

所有的孩子都想在某个阶段使用攀爬结构，应该给他们机会。对一些人来说，这将是一个巨大的挑战，可以通过以下设计来增强他们的乐趣。

- 一个设计良好的可移动坡道，有平坦的、防滑的表面和600毫米高的扶手，可以连接到攀爬结构上。
- 一个设计良好的滑梯，有高且安全的侧边护栏、平坦的起点、长而缓的滑道，将给有特殊需要的孩子体验速度和动量的机会。在理想情况下，为了实现这个目的，可结合土丘来设计滑梯。
- 攀爬设施、D形把手和柱子可以有鲜艳的颜色或是彩虹色的，以有助于视力障碍儿童使用。在选择颜色时，要考虑到色盲儿童。
- 对于设施的摆放，必须格外小心，因为许多有特殊需要儿童的知觉能力和平衡感很差。

10.3.4　秋千

秋千在使用的过程中应该发出轻微的声音，并且远离人流，这将为有视力障碍的儿童提供警告，并帮助他们安全进入。

带有猪尾钩的秋千将更容易满足儿童的广泛需求，并有助于儿童开展开放性游戏。它可以改造为专门为残疾儿童设计的秋千——例如借助于坚固的塑料或玻璃纤维外壳，将绳子连接到上横梁上，以及在需要时将带子和猪尾钩组合使用，将儿童的身体固定在适当的位置。

10.3.5　沙坑

一个边缘高约800毫米的沙坑，其深度可以让轮椅充分嵌进去，以有助于儿童玩沙。当沙坑与倾斜的路堤结合时，这是特别有效的。一种更经济的满足这种游戏的方法是使用一个大的金属槽：轮椅可以被嵌在槽的下方，孩子可以伸展他们的手臂，而不必举起它们。更经济但同样成功的解决方案可以是简单的，比如在沙坑里放置一个坚固的高边纸箱，支持孩子直立——这将让孩子感受到包容感，有眼神交流，并与其他孩子在同一水平高度上玩耍。

10.3.6　索道

安装一个带有钢缆和可移动卸扣的低矮索道，并且有可拆卸的组件和各种配件，可以满足儿童的特定发展需求。组件可以是一根单结的绳子，也可以是为儿童提供背部支撑的安全带。在开始和结束处的土丘将允许儿童很容易进入和离开索道。这个简单的做法会给许多行动不便的孩子带来快乐。

10.3.7 植物

- 气味：在不同的区域种植各种有香味的植物，帮助有视力障碍的孩子确定自己在游戏场地上的位置。
- 颜色：种植色彩鲜艳的花朵或有强烈的色彩对比的植物（如白色的花朵与深绿色的叶子），为有视力障碍的儿童提供一些视觉体验。
- 形态与纹理：种植有多种形态与纹理的植物（如包含叶、花、豆荚、树皮等），提高视力障碍儿童的触觉能力，提高智力障碍或特殊需要儿童的感知能力。
- 遮阴：植物的阴影可以让有视力障碍的孩子知道他们在游戏场地上的位置。
- 遮阳棚：在活动受限的儿童玩耍或坐着的地方提供遮阳棚，以避免夏季阳光的照射。
- 光线：种植能透过柔和的自然光线的植物（既不产生耀眼的眩光，又没有过多的阴影），对有视力障碍的儿童是最好的。
- 藤蔓：带有落叶藤本植物的藤架将提高儿童对夏季荫凉和冬季阳光的感知，同时提供视觉和气味上的吸引，这将是许多残疾儿童的乐趣，能提高他们对自然环境的认识和享受。
- 可访问：一个高出地面约600毫米的花圃或窗台花架，可以让轮椅嵌在下方，这样坐轮椅的孩子就有机会照料植物、浇水和享受园艺的乐趣。水龙头应安装在高于土壤的位置。
- 可接触：如果在花园里放一个喂鸟器，那么应该把它放在650毫米的高度，这样坐轮椅的孩子就可以接近它了。
- 可控制：一个由芳香植物和不同纹理的植物组成的与世隔绝的丛林区域，可以被规划成一个自然的步道。它可以由各种各样的材料（如圆木桩、铺路石）建成，这些材料将刺激有视力障碍的儿童，并能让那些坐轮椅或活动受限的孩子在上面平稳地、缓慢地移动。

当规划一所新的幼儿园时，请记住，设施的布局和最大限度的户外空间对任何孩子（尤其是那些有特殊需要的孩子）来说都是至关重要的。这是一个可适应的、开放的户外游戏空间，将提供多样化的游戏选择。在规划场地时，预算控制往往因其他学科所强加的预算而超标，却忘记了这一投资的价值。高品质的户外游戏空间塑造了未来的成年人，以及他们对生活的使命感和享受感。

参 考 文 献

Australian Children's Education & Care Quality Authority (2014) *Guide to the Education and Care Services National Law and the Education and Care Services National Regulations 2011*, ACECAQ: Sydney, pp. 72 and 76.

Ball, D., Gill, T. and Spiegal, B. (2012) *Managing Risk in Play Provision Implentation Guide*, Play England.

Bengtsson, A. (1970) *Environmental Planning for Children's Play*, Crosby Lockwood & Sons Ltd: London.

Buchan, N. (2015) *Children in Wild Nature: A Practical Guide to Nature-Based Practice*, Teaching Solutions: Blairgowie, Australia.

Dattner, R. (1969) *Design for Play*, Van Nostrand Reinhold Company: New York.

Davis, J. (2008) 'What might education for sustainability look like in early childhood? A case for participatory, whole-of-settings approaches', in Pramling Samuelsson, I. and Kaga, Y. (eds) *The Contribution of Early Childhood Education to a Sustainable Society*, UNESCO: Paris.

Davis, J.M. (ed.) (2010) *Young Children and the Environment, Early Education for Sustainability*, Cambridge University Press: New York.

Elliott, S. (2010) cited in J.M. Davis (2010) *Young Children and the Environment, Early Education for Sustainability*, Cambridge University Press: New York.

Gill, T. (2014) *The Play Return*, Children's Play Policy Council.

Greenman, G. (2005) *Caring Spaces, Learning Places: Children's Environments That Work*, Second edition, Exchange Press: USA.

Hurtwood, Lady Allen of (1968) *Planning for Play*, Jarrold and Sons: Norwich.

Jambor, T. (1996) 'Dimensions of play: reflections and directions', closing keynote from XIII IPA World Congress, Espoo, Finland. School of Education, University of Alabama: Birmingham, AL.

Kritchevsky, S. and Prescott, E. with Walling, L. (1977) *Planning Environments for Young Children – Physical Space*, NAEYC: Washington D.C., p. 5.

Lee, O. (2012) '5 Reasons to let your kids play in the dirt'.

Louv, R. (2005) *Last Child in the Woods: Saving Our Children from Nature Deficit Disorder?* Algonquin Books, Chapel Hill, a division of Workman Publishing: New York.

Moss, S. (2012) *Natural Childhood*, National Trust: Swindon.

Newman, F. and Holzman, L. (2014) *Lev Vygotsky: Revolutionary Scientist*, Psychology Press: Hove, pp. 44–75.

Nicholson, S. (1968) 'How not to cheat children: the theory of loose parts', *Landscape Architecture*, 62: 30–35.

Portwood, M. (2000) *Understanding Developmental Dyspraxia: A Textbook for Students and Professionals*, David Fulton Publishers: London.

Prescott, E. Jones, E. and Kritchevsky, S. (1988) cited in G. Greenman (2005) *Caring Spaces, Learning Places: Children's Environment's That Work*, Exchange Press Inc., p. 23.

Royal Society for the Prevention of Accidents (2004) *Accidents on Children's Playgrounds*, RoSPA: UK.

Rui Olds, A. (2001) *Child Care Design Guide*, McGraw-Hill Education: USA.

Shaw, L. G. (1987) 'Designing playgrounds for able and disabled children' in Weinstein and David (eds) *Spaces for Children: The Built Environment and Child Development*, Plemum Press: New York & London.

Shell, R. E. (1994) 'A great playground? That's kids' stuff', *Smithsonian Magazine*, July: 78–79.

参考文献

Trancik, A. and Evans, G. W. (1995) 'Spaces fit for children', *Children Youth and Environments*, 12(3): 43–58.

Walsh, P. (1988) *Early Childhood Playgrounds, planning an outside learning environment*, Pademelon Press: New South Wales.

Walsh, P. (2006) *Best Practice Guidelines in Lutheran Education QLD Early Childhood Physical Environments*, Open Book Publishers: Adelaide.

Warden, C. (2012) *Nature Kindergartens and Forest Schools*, Claire Warden.